Wilfried Multhammer

# Selbst mit Naturstein bauen und gestalten

Compact Verlag

Alle Anleitungen wurden sorgfältig
erprobt – eine Haftung kann
dennoch nicht übernommen werden.
Chefredaktion: Andrea Nölle
Redaktion: Stefan Stein
Redaktionsassistenz: Sonja Neumann
Umschlaggestaltung: Inga Koch
Umschlagfotos: Betonbraun (große Abb.), Kronimus AG (kleine Abb.)
Druck: Color-Offset GmbH, München
ISBN: 3-8174-2194-X
2121941

# Ein Wort zuvor

Selbermachen – ein Hobby, das heute für Millionen zur sinnvollen Freizeitbeschäftigung geworden ist. Ob es sich nun um die gemietete Altbauwohnung oder um die eigenen vier Wände handelt, mit etwas Geschick und einer fachmännischen Anleitung lassen sich oft verblüffende Ergebnisse erzielen: bei kleineren Reparaturen, beim Renovieren und Verschönern und beim Um- und Ausbauen.

Und Selbermachen bringt Spaß und Freude an der eigenen Arbeit, deren Ergebnis man Tag für Tag sehen und »bewundern« kann; es spart Geld, mit dem sich lang gehegte Wünsche erfüllen lassen, und es macht unabhängig von Handwerkern, auf die man womöglich wochenlang und schließlich vergeblich gewartet hat.

Fachgeschäfte, Heimwerker- und Baumärkte versorgen den Hobby-Handwerker mit allen Werkzeugen und Materialien, die er braucht. Doch richtiges Werkzeug und Begeisterung allein reichen in der Praxis oftmals nicht aus. Unerlässlich sind eine gründliche Vorbereitung und Fachkenntnisse, wie eine Arbeit durchzuführen und was dabei zu beachten ist.

COMPACT PRAXIS **Selbst mit Naturstein bauen und gestalten** zeigt, wie man's macht. Mit wertvollen Tipps und Tricks, die sich in der Praxis tausendfach bewährt haben. Jeder Arbeitsgang wird ausführlich Schritt für Schritt gezeigt und in Bild und Text erläutert. Übersichtliche Symbole zeigen auf einen Blick, mit welchem Schwierigkeitsgrad, welchem Kraft- und Zeitaufwand Sie bei jedem Arbeitsgang rechnen müssen, welche Werkzeuge Sie brauchen und wie viel Geld Sie durch Ihre eigene Arbeit einsparen können.

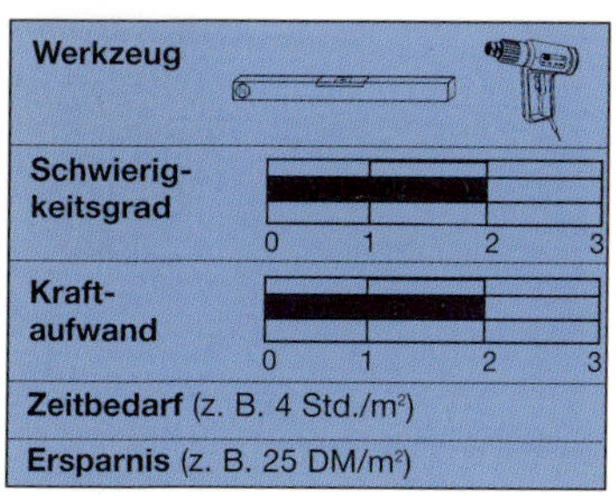


***Und so stufen Sie Ihre Fähigkeiten richtig ein:***

**Schwierigkeitsgrad 1** – Arbeiten, die auch der Ungeübte ganz einfach ausführen kann. Es ist nur geringes handwerkliches Geschick erforderlich.

**Schwierigkeitsgrad 2** – Arbeiten, die einige Übung im Umgang mit Werkzeug und Material erfordern. Es ist handwerklich durchschnittliches Geschick für die Ausführung notwendig.

**Schwierigkeitsgrad 3** – Arbeiten, die fachmännische Übung erfordern. Überdurchschnittliches Geschick ist erforderlich.

**Kraftaufwand 1** – Leichte Arbeit, die jeder bequem erledigen kann.

**Kraftaufwand 2** – Arbeiten, die eine gewisse körperliche Kraft voraussetzen.

**Kraftaufwand 3** – Arbeiten für kräftige Heimwerker, die keine »Knochenarbeit« scheuen.

# Inhaltsverzeichnis

## Auf einen Blick

### Fachkunde



### Materialkunde



### Werkzeugkunde

## *Arbeitsanleitungen*

## *Grundkurse*

# Was sagt die Bauordnung?

Wer bauen will, egal ob es sich um einen Neubau oder um eine nachträgliche Änderung handelt, muss sich nach den Baugesetzen richten. Das hat durchaus seinen Sinn, denn es werden dadurch sowohl die öffentlichen Interessen als auch das nachbarschaftliche Miteinander geregelt. Obendrein dienen sie auch dem eigenen Schutz.

Grundsätzlich sind folgende Bauvorhaben **genehmigungspflichtig**:

- Alle baulichen Maßnahmen, die fest mit dem Erdboden verbunden sind. Darunter fallen Anlagen wie Gehwege, Freisitze, Terrassen usw., wenn der Unterbau aus Beton besteht; des Weiteren Mauern und Einfriedungen mit festen Fundamenten. Umgekehrt sind z. B. auch bei einer Trockenmauer die geltenden Vorschriften bezüglich der maximalen Höhe und des Abstands zum Nachbargrundstück zu bachten.

- Alle Veränderungen an bestehenden Gebäuden oder Anlagen, die das Aussehen maßgeblich beeinflussen. Dies ist für den Laien natürlich ein dehnbarer Begriff. Letztendlich entscheidet aber die Baubehörde, und diese muss auch die örtlichen Vorschriften berücksichtigen. Was in »A« erlaubt ist, muss in »B« unter Umständen behördlich genehmigt werden.

Andererseits sind viele gängige Maßnahmen wie Terrassen, Gehwege, Einfriedungen und dergleichen in den Bebauungsplänen einzeln oder pauschal geregelt und dann in dem dort festgelegten Umfang auch genehmigt.

Im Zweifel hilft eine Voranfrage beim Bauamt der örtlichen Stadt- bzw. Gemeindeverwaltung. In komplizierten Fällen wird die Anfrage an die zuständige Bauaufsichtsbehörde in der Kreisverwaltung, z. B. an das Landratsamt, weitergeleitet.

Leider sind die Vorschriften in den einzelnen Bundesländern so unterschiedlich, dass es keine verbindliche Pauschalregel hinsichtlich der Genehmigungsfreiheit gibt.

Im Zuge der Vereinfachung bei Verfahren von privaten Bauvorhaben sind in den letzten Jahren viele Hürden gefallen, dafür wird mehr Wert auf die Sicherheit am Bau gelegt.

# Aufbau und Bestandteile von Gesteinen

Die Zusammensetzung von Gesteinen hängt eng mit dem Aufbau und der Entstehung unserer Erde zusammen.

Grundbausteine sind dabei die verschiedenen **Elemente**, die in unterschiedlicher Häufigkeit zu finden sind. Die nachfolgende Tabelle zeigt die wichtigsten gesteinsbildenden Elemente und ihre Häufigkeit in der Erdkruste in Gewichtsprozent:

| | |
|---|---|
| Sauerstoff | 46,6 |
| Silizium | 27,7 |
| Aluminium | 8,1 |
| Eisen | 5,0 |
| Kalzium | 3,6 |
| Natrium | 2,9 |
| Kalium | 2,6 |
| Magnesium | 2,1 |

Die mengenmäßige Verteilung dieser Grundbausteine in der Erdkruste ist sehr unterschiedlich.

Je nach Vorkommen schließen sich die Elemente zu weiteren Stoffen zusammen, die man **Mineralien** nennt.

Von den mehr als 4000 Mineralien sind lediglich knapp drei Dutzend an der Gesteinsbildung beteiligt.

Jedes Mineral weist jedoch eine einheitliche chemische Zusammensetzung auf, anhand welcher man es identifizieren kann. Charakteristisch ist jeweils die spezifische Anzahl und Anordung der Elemente.

Zeigen die Mineralien auffällig regelmäßige Formen mit glatten Flächen und scharfen Kanten, spricht man von kristallinen Strukturen oder von **Kristallen**.

Anhand dieser Kristalle lassen sich viele Mineralien z. B. in der bunten Oberfläche des Granits erkennen.

Zu den wichtigsten gesteinsbildenden Mineralien zählen:

- **Quarz:** Meist farblos, aber auch vielfältige Schattierungen möglich, sehr hart.
- **Feldspat:** Von weiß bis dunkelgrau, aber auch gelblich bis rötlich, nicht so hart wie Quarz.
- **Silikate:** Z. B. Hornblende, grün bis schwarz, hart.
- **Glimmer:** Farblos/weiß oder dunkelbraun/schwarz.
- **Verwitterungsprodukte:** Alle Farben, sehr weich bis sehr hart.
- **Niederschlagsprodukte:** Von transparent bis schwarz.

Durch eine Vielzahl von Kombinationen dieser Mineralien entstehen wiederum ganz unterschiedliche Gesteine. Dies hat entscheidenden Einfluss auf deren spezifische Eigenschaften wie Härte, Aussehen, Verfügbarkeit oder Bearbeitbarkeit. Entsprechend werden die Gesteine zu einzelnen **Gruppen** zusammengefasst:

- **Magmatische Gesteine (Magmatite)**
- **Ablagerungs- oder Sedimentgesteine**
- **Umwandlungsgesteine oder Metamorphe Gesteine (Metamorphite).**

**Magmatite** entstehen aus dem heißen, glutflüssigen »Gesteinsbrei« (Magma) im Erdinnern. Bildet ein Teil dieser Magma eine Blase, die sich langsam und unter großem Druck abkühlt, entstehen die so genannten **Tiefengesteine**. Typische Tiefengesteine sind u. a. **Granit, Gabbro, Diorit** und **Syenit**.

Der hohe und lang anhaltende Druck zwingt die Gesteinsmoleküle zu einer optimalen räumlichen Ausnutzung. Dies sind grundsätzlich regelmäßige geometrische Formen (Kristalle).

Bricht das flüssige Magma vor dem Erstarren an die Erdoberfläche, entstehen so genannte **Ergussgesteine**, zu denen z. B. **Basalt** und **Quarzporphyr** zählen, aber auch poröse Lavagesteine und **Tuffe**.

Die Ergussgesteine besitzen zwar dieselben Grundbausteine wie Tiefengesteine, da beide aus dem Magma hervorgehen. Beim Durchstoßen der Erdkruste wird aber ein ganz anderes Gestein gebildet. So werden die Gesteinsmoleküle durch die Druckentlastung und die rasche Abkühlung nur selten in das »Gitter-Korsett« eines Kristalls gepresst. Deshalb besitzen die Ergussgesteine auch keinen vollkristallinen Aufbau, sondern nur so genannte Einsprenglinge (Ansätze von Kristallbildung).
Die Ergussgesteine werden wegen ihrer Entstehung gerne **Vulkangesteine** genannt. Poröse Vulkangesteine nennt man häufig auch **Lavagesteine**.

Der Begriff Lava gilt allerdings streng genommen nur für das ausgetretene, aber immer noch flüssig heiße Magma. Erstarrte Lava ist Lavagestein und hat als Werkstein eine große Bedeutung.

**Ablagerungs- oder Sedimentgesteine** entstehen:

a) Auf mechanischem Weg durch Verwitterung älterer Gesteine. Durch Wind, Wasser oder Eis (Eiszeiten) werden die Verwitterungsprodukte abtransportiert und als lockere Sedimente abgelagert. Durch ständige Anhäufung nimmt die Dicke und damit der Druck in den unteren Schichten zu. Über das Regenwasser werden Bindemittel (Kalk, Ton, Quarz) eingeschwemmt, die das Gefüge allmählich verfestigen.

Vertreter der mechanischen Sedimente sind z. B. **Sandsteine, Konglomerate, Brekzien (ital. Breccie)**. Sandsteine im engeren Sinn bestehen überwiegend bis ausschließlich aus Quarzsand. Dabei sind oft mehrere Bindemittel gleichzeitig an der Verfestigung beteiligt, was zu sehr unterschiedlichen Farbzeichnungen führt.

Die Konglomerate haben durch Transport (z. B. in Bächen oder Flüssen) abgerundete Gesteinsbrocken, während die Brekzien eckige Gesteinstrümmer aufweisen, die an Ort und Stelle verfestigt wurden.

b) Chemische Sedimente entstehen durch chemische Reaktion. Als Werkstein haben vor allem die **Kalksteine** Bedeutung. Bei ihnen ist Kalzium, wie es in unseren Zähnen und Knochen ebenfalls vorkommt, das Bindemittel. Ist dieses Kalzium in Wasser gelöst (kalksaures Wasser) scheidet es sich unter bestimmten Voraussetzungen als **Kalksinter** oder **Tropfstein** ab. Unter diesen Bedingungen bildet sich einer der wenigen frostfesten Kalksteine, der so genannte italienische **Travertin**.

Bei der Ablagerung von Kalkschlamm eines Meeres in Buchten entstanden **Plattenkalke**. Je nach Überschwemmungsdauer bildeten sich plattige Ablagerungen von unterschiedlicher Dicke aus feinstem kohlesaurem Kalk.

***1*** Bekannt wurden die **Solnhofener Plattenkalke** durch die Fossilienfunde, etwa den Urvogel »Archäopteryx«. Wegen der ebenen Oberfläche wurden sie lange Zeit als Steindruckplatten in der Lithografie eingesetzt.

Massenkalke bestehen aus abgestorbenen Organismen. Kleinstlebewesen bildeten in Meeren oft einen Schutzpanzer aus Kalk. Nach dem Absterben sanken diese zu Boden und verkitteten sich unter dem großen Druck des Meerwassers. Massenkalke dienen zur Herstellung von Kalk und Zement. Als Stein ist der **Jura-»Marmor«** von Bedeutung.

***1***

**Metamorphite** sind Gesteine, die durch Hitze, Druck oder chemische Reaktion in eine andere Gesteinsart umgewandelt wurden.

Echter **Marmor** entstand bei der Umwandlung (Metamorphose) von Sedimentgestein unter Einwirkung von hohem Druck und großer Hitze. Meist sanken die Ablagerungen bei tektonischen Ereignissen wie etwa Erdbeben durch das hohe Eigengewicht oder durch den Druck von zuströmendem Meerwasser in größere Tiefen.

Auch hier entstanden dann kristalline Formationen und Strukturen durch erzwungene räumliche Anpassung. Oft sind diese sogar mit dem bloßen Auge erkennbar.

Ein ebenso bekanntes, umgewandeltes Sedimentgestein ist der **Schiefer**.

# Fachbegriffe bei der Steinbearbeitung

*1*

*2*

Im Steingewerbe gibt es einige Fachbegriffe, die auch der Laie beherrschen sollte, um Missverständnissen vorzubeugen.

Naturstein kommt in verschiedenen Formen in den Handel. Große **Blöcke** von einigen Kubikmetern Inhalt werden in Steinmetzbetrieben zu Werksteinen (z. B. Grabsteine) von unterschiedlicher Dicke zersägt. Für den Heimwerker interessant sind dabei die Anschnitte dieser Blöcke. Sie können als **Bruchware** mit der glatten Seite nach außen am Bau verarbeitet werden.

*1* **Unmaßplatten** oder Tranchen sind in der Regel 20 mm beziehungsweise 30 mm dick und auf einer Seite bearbeitet.

Standard ist die polierte **Oberfläche**, da sie die Struktur und Farbe des Steines am besten wiedergibt. Außerdem ist die glatte Fläche einer Politur relativ unempfindlich gegen Verschmutzung.

Für Bodenbeläge oder Treppen wird wegen der Rutschgefahr auf nassen polierten Steinen, vor allem im Außenbereich, oftmals eine rauere Oberfläche gewählt. Insbesondere harte Gesteine wie Granit erlauben andere Bearbeitungsformen. Industriell gefertigte Oberflächen können dann alternativ sein:

- Geschliffen (in verschiedenen Abstufungen von »grob« bis »fein«)
- Gesägt (Sägespuren sind sichtbar, je nach verwendeter Säge als Kreise bzw. Striche)
- Geflammt (kleine Gesteinsteilchen werden von der Oberfläche abgesprengt)
- Sandgestrahlt (ergibt eine glatte, aber stumpfe Struktur).

*2* **Bruchplatten** wie der Südtiroler Porphyr werden gespalten und besitzen eine spaltraue oder bruchraue Fläche.

*3* Tür- und Fensterumrahmungen bestehen aus dem seitlichen **Gewände** und dem darüber liegenden **Sturz**. **Laibung** nennt man die umlaufenden Innenseiten von Gewände und Sturz.

*3*

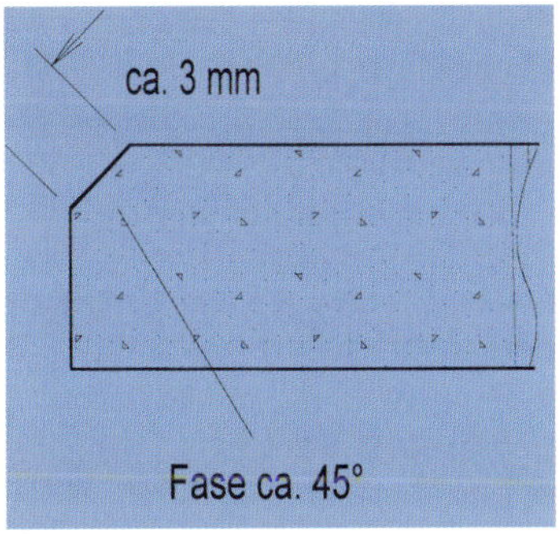


4

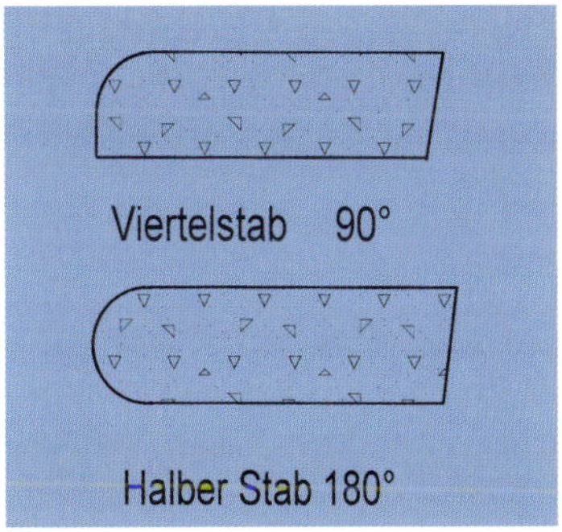


5

6

Sind die Platten zugeschnitten, heißen sie **Maßplatten**. Sie können quadratisch oder rechteckig sein, seltener bilden sie auch regelmäßige Vielecke (Sechseck, Achteck).
Bearbeitete Kanten, i. d. R. Sichtkanten bei Fensterbänken, Treppenstufen usw., nennt man auch **Köpfe**. Die gängigste und kostengünstigste Form ist die polierte Kante mit einer oder zwei Fasen.

***4*** Die **Fase** ist eine Abschrägung der scharfen Kante zweier rechtwinklig zusammenstoßender Flächen. Sie ist zu diesem Zweck ca. 3 mm breit.

***5*** Weitere Kantenausbildungen, aber teurer und schwieriger in der Herstellung, sind Rundungen. Dabei beschreibt der **Viertelstab** einen Kreisbogen von 90°, der **Halbstab** einen von 180°. Gegenstücke sind die so genannten Hohlkehlen, die als **Viertelkehle** oder als **Halbkehle** ausgebildet sein können.

***6*** Als **Bahnenware** bezeichnet man Platten, die bei gleicher Breite (z. B. 300 mm) in unregelmäßigen Längen angeboten werden. In Verlegerichtung ergeben sie ein unregelmäßiges Fugenmuster.

**Kalibrierte Platten** sind in der Dicke auf ein exakt gleiches Maß, z. B. 20 mm, gearbeitet. Dies ist vor allem beim Verlegen im **Dünnbettverfahren** (Kleben) mit max. 3 mm Kleberschicht notwendig. Unkalibrierte Platten können Maßabweichungen von einigen Millimetern aufweisen. In diesen Fällen muss auf andere Verlegearten ausgewichen werden. Dazu zählt das **Mittelbettverfahren** mit fertigen Klebe- oder Ansetzmörteln bei Schichtdicken über 3 mm bis zu 20 mm.

Darüber spricht man vom **Dickbettverfahren**. Hierbei wird mit **Trockenmischungen** verlegt, wobei der Mörtel wie der Name sagt trocken bzw. erdfeucht eingebracht wird. Alle Verfahren haben ihre Vor- und Nachteile, die sich u. a. nach Art und Aufbau des jeweiligen Untergrunds richten.
Bei der Natursteinverarbeitung unterscheidet man das **Verlegen** bei Böden vom Versetzen bei **Wandbekleidungen**.

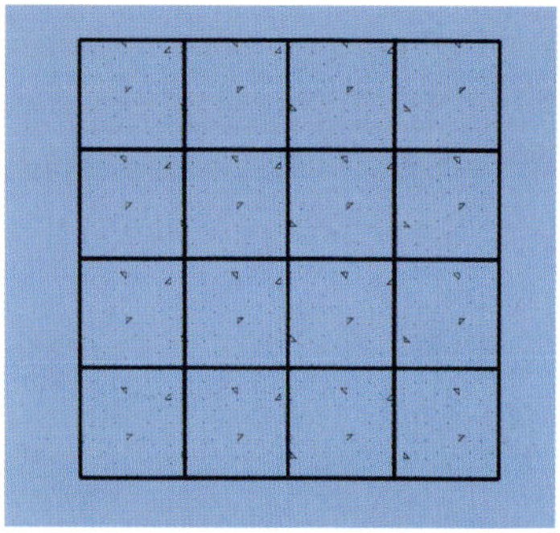

7

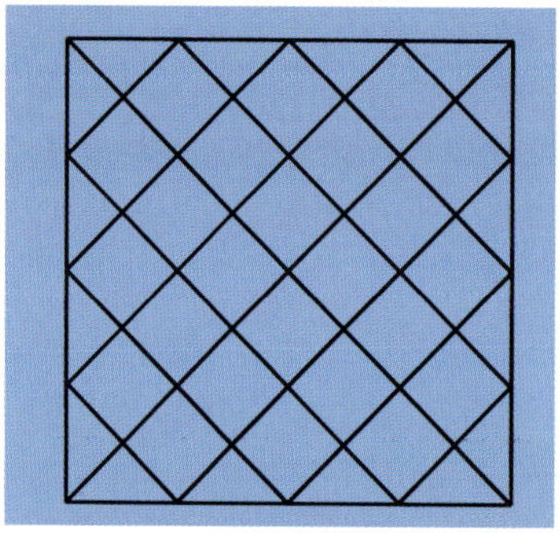

8

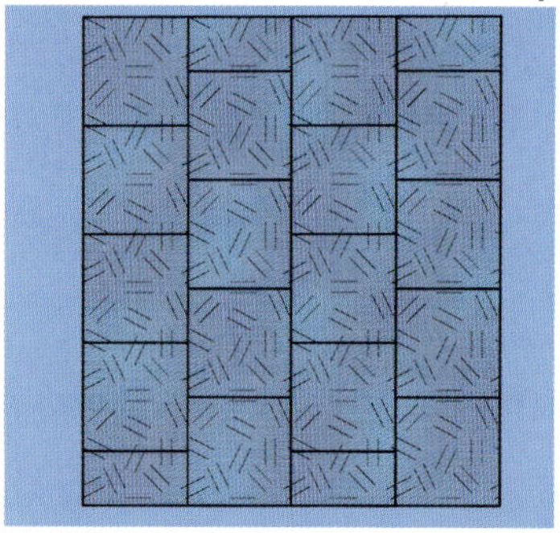

9

10

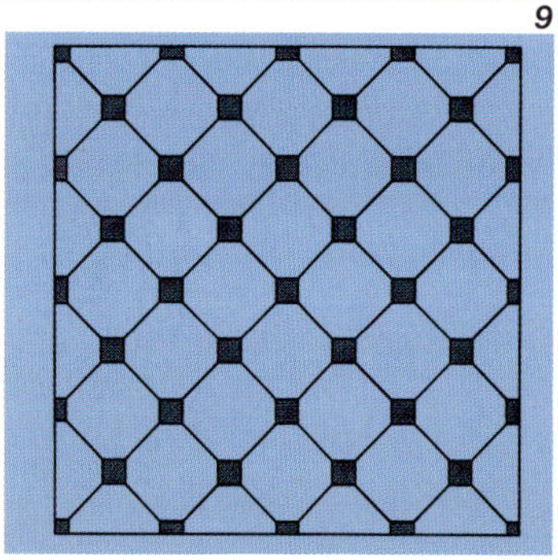

11

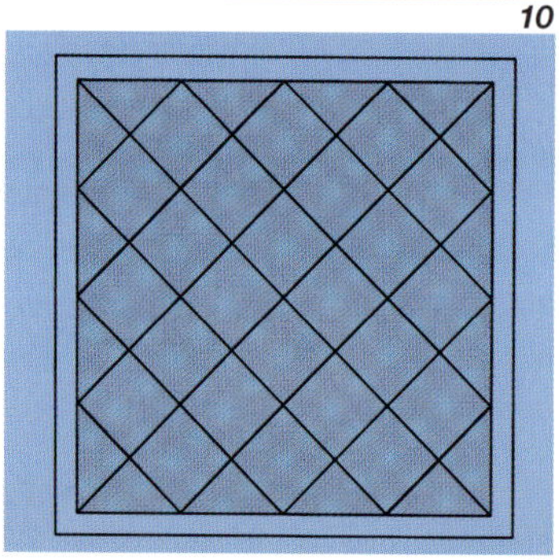

12

Beim Verlegen und Versetzen von Naturstein gibt es eine Unzahl von Verlegemöglichkeiten beziehungsweise Mustern.

***7–11*** Die gängigsten sind:

- Gerade verlegt mit Kreuzfuge
- Diagonal verlegt
- Gerade verlegt im Halbverband (versetzte Fuge)
- Diagonal verlegtes Schachbrett
- Kreuzfuge mit Einlegern an den Ecken.

Natürlich sind viele Kombinationen untereinander möglich. Gerne werden zur Gliederung oder nur als Ausschmückung so genannte **Friese** als farbige oder ornamentale Zierstreifen in Wand- und Bodenbeläge eingebunden. Auch geometrische Figuren oder Mosaike lassen sich einfügen.

***12*** Diagonalverlegung mit Fries oder Wandverkleidung in senkrechten Bahnen mit Friesabschluss.

Unebene bzw. verzogene Flächen werden im Steinmetzhandwerk als **krumm** oder **windschief** bezeichnet, gleichgültig ob sie nun absichtlich so angelegt wurden oder durch Unachtsamkeit entstanden sind.

# Auswahl, Kauf, Transport, Lagerung

Ein wichtiges Kriterium für die Auswahl ist der **Verwendungszweck** des Steins. Im Außenbereich ist auf Witterungsverträglichkeit, vor allem auf Frost, aber auch auf Umwelteinflüsse zu achten. Als Bodenbeläge eignen sich wegen der starken Beanspruchung nur mittelharte bis sehr harte Steine.

Beachten Sie, dass Hartgesteine wie Granit wesentlich kostenintensiver in der **Bearbeitung** sind als weichere Sorten, da Sie ohne Spezialwerkzeuge nicht auskommen werden.

Kaufen Sie immer die gesamte benötigte Menge mit ausreichend Zugabe in einem Auftrag. Bei Nachbestellungen müssen Sie Materialabweichungen einkalkulieren. Naturstein kann in Farbe, Struktur und Körnung bei ein und derselben Sorte starke Schwankungen aufweisen. **Händler** übernehmen selten eine Garantie. Platten, die verpackt sind, sollten aus gleichen Lieferungen stammen. Überprüfen Sie die Aufschriften der Verpackungen.

Den Kauf können Sie entweder bei örtlichen Händlern, einem **Steinmetzbetrieb**, aber auch in Baumärkten tätigen. Auch Fliesenfachgeschäfte führen zum Teil Naturstein. Wenn es möglich ist, vergleichen Sie die Preise. Prüfen Sie offene Ware auf Transport- oder Lagerschäden. Achten Sie vor allem auf abgeschlagene Kanten und Ecken sowie Kratzer in der Politur.

Größere Platten sollten Sie unbedingt stehend **transportieren**. Im Liegen gehen sie bei Erschütterungen oder Spannungen sehr schnell zu Bruch. Fensterbänke und dergleichen können auf der Rückbank des Autos untergebracht werden. Schützen Sie den Bezug mit Decken oder Ähnlichem. Mehrere Platten dürfen sich nicht direkt berühren, sondern sind durch Karton- oder Schaumgummi-Zwischenlagen zu trennen. Sichern Sie das Transportgut gegen Verrutschen oder Umfallen. Für schwerere Lasten eignet sich am besten ein Anhänger. Achten Sie dabei stets auf die richtige Gewichtsverteilung, um nicht die Fahreigenschaften Ihres Kraftwagens zu beeinträchtigen.

Auch hier sollten Sie beachten, dass Sie die Platten unbedingt **senkrecht**, also stehend transportieren. Ausreichend Befestigungsmaterial nehmen Sie von zu Hause mit. Dazu zählen zum Beispiel eine ausgediente Palette, Bretter und Latten in verschiedenen Längen, Material zum Unterlegen, Zurrgurte, Hammer, Nägel.

Für die **Lagerung** benötigen Sie einen festen Untergrund und eine stabile Möglichkeit zum Anlehnen. Legen Sie in jedem Fall ausreichend dimensionierte Kanthölzer unter, die das Gewicht tragen können. Lagern Sie größere Platten immer stehend. Stapeln Sie Platten nur in Ausnahmefällen und mit ausreichend Zwischenlagen, um Spannungsbrüche zu vermeiden.

Schützen Sie scharfe Kanten durch Unterlegen von Styroporstreifen, Holzwolle oder Pappe.

# Sicherheit und Unfallverhütung

*1*

Der Unfallverhütung bei der Bearbeitung von Natursteinen sollte der Heimwerker besondere Aufmerksamkeit widmen. Hier lauern viele versteckte Gefahren, denen sich der Laie oft gar nicht bewusst ist.

Stein birgt schon allein wegen seines Gewichts ein hohes Risikopotenzial. Oberstes Gebot beim Hantieren mit Werksteinen ist ruhige Vorgehensweise und sorgfältige **Planung** der einzelnen Arbeitsschritte. Dazu gehört auch das Tragen von geeigneter Arbeitskleidung.

Wählen Sie Sicherheitsschuhe mit Stahlkappen im Bereich der Zehen. Erfahrungsgemäß passieren die meisten Fußverletzungen aufgrund des falschen Schuhwerks und fast immer erwischt es die Zehen.

Vermeiden Sie weite, flatternde Kleidungsstücke wie Schals oder breite Ärmel bzw. Hosenbeine. Beim Hantieren mit schweren Materialien werden Sie schnell unsicher, wenn Sie sich irgendwo verheddern oder verfangen. Dazu genügen oft schon die spröden Oberflächen bruchrauer Kanten, z. B. von Unmaßplatten. Diese rauen Stellen sollten Sie nur mit Arbeitshandschuhen anfassen. Sie bieten ausreichenden Schutz vor den messerscharfen und spitzen Gesteinssplittern. Bewährt haben sich solche mit einem robusten Lederbesatz auf der Innenseite. Sie müssen gut passen (Größe beachten) und dürfen die Bewegungsfreiheit der Hand nicht einschränken.

Achtung jedoch bei feuchten Handschuhen oder nassen Steinen. Vor allem polierte Oberflächen werden rutschig und lassen sich nur sehr schwer fassen. Sicherer ist es, die Handschuhe zu wechseln und den Stein zu trocknen.

Das **Heben** von Steinen kann schnell eine »gewichtige« Angelegenheit werden. Viele Heimwerker unterschätzen ganz einfach die Masse und damit auch die Verletzungsgefahr beim Arbeiten. Im Verhältnis zu einem handelsüblichen Mauerstein aus gebranntem Ton von der Größe 36,5 x 24 x 24 cm bringt Naturstein, je nach Sorte, zwischen 50 kg und knapp 60 kg auf die Waage.

***1*** Richtiges Heben schützt vor Verletzungen, besonders im Bereich der Lendenwirbelsäule.

**_Profitipp_**
Stellen Sie einen Werkstein nie einfach auf dem Boden ab. Legen Sie immer ausreichend dimensionierte Kanthölzer darunter. Nur so können Sie beim nächsten Hochheben ohne Probleme wieder unter den Stein fassen.

Besonders schwere Werkstücke lassen sich nur mit einer oder mehreren zusätzlichen Personen bewältigen, wenn Sie auf technische Hebegeräte nicht zurückgreifen können. Wichtig ist, dass Sie dabei die einzelnen Arbeitsschritte **vorher** absprechen. Vereinbaren Sie eindeutige Anweisungen und Signale. Gerade das Anheben größerer Werkstücke durch zwei sich gegenüberstehende Personen führt immer wieder zu Handverletzungen. Wenn nämlich ein Beteiligter seine Seite vorschnell hochhebt, kippt er das gegenüberliegende Ende seinem Partner auf die Finger, ähnlich wie bei einer Wippe. Ein gleichzeitiges Anheben auf Kommando würde dies verhindern.

**2** Fassen Sie den Stein immer hinter dem Kantholz, also zur Mitte hin, sodass eine Hebelwirkung auf Ihre Finger auf diese Weise ausgeschlossen wird.

Besonders schwere Stücke lassen sich mit Gurten, die unter den Steinen durchgeführt werden, recht gut bewältigen. Die beiden freien Enden jedes Gurtes werden von den Trägern über die Schulter genommen. **Moderne Gurte** sind zwar enorm tragfähig, aber trotzdem anfällig gegen Scheuern an scharfen Kanten. Daher Gurte immer schützen.

Bei der Bearbeitung von Naturstein steht an erster Stelle der Schutz der Augen durch eine geeignete Brille mit seitlichen Abdeckungen. Eine Gefahrenquelle ist auch die **Staubentwicklung** von quarzhaltigem Material. Dazu zählen wiederum die meisten Hartgesteine wie Granit, Syenit und Quarzporphyr, aber auch Sandstein. Quarzstaub legt sich in den feinsten Lungenbläschen fest und führt zu einer unheilbaren Lungenerkrankung **(Silikose)**, die in extremen Fällen tödlich sein kann.

Zur Vermeidung sollten unbedingt auch vom Laien einige Sicherheitsmaßnahmen beherzigt werden:

- Vermeiden Sie unnötige Staubentwicklung, z. B. durch Verwendung von Nasswerkzeugen.
- Arbeiten Sie nie in geschlossenen Räumen.
- Tragen Sie Staubmasken oder feuchte Tücher zum Schutz der Atemwege.
- Wechseln Sie bei Bedarf die durch feinen Staub verschmutzte Kleidung.

Viele Werksteine lassen sich durch Einsatz von Wasser leichter bearbeiten. Es bindet den Staub und führt ihn ab, spült die Schnittfläche frei, kühlt die Werkzeuge und mindert dadurch deren Verschleiß.

Beim Einsatz von **Wasser** mit elektrisch betriebenen Maschinen sind nur ausdrücklich für diesen Zweck konstruierte Geräte erlaubt.

***Sicherheitstipp***

Auf keinen Fall sollten Sie mit einem handelsüblichen Winkelschleifer und dem hauseigenen Gartenschlauch als Wasserversorgung eine Steinbearbeitung durchführen.

Durch die Drehbewegung wird der Wasserstrahl zu feinem Nebel zerstäubt, der dann in ungeschützte elektrische Bauteile der Maschine eindringen kann und dort früher oder später einen Kurzschluss verursachen wird.

Da es bei der Verwendung von **Winkelschleifern** zu ernsthaften Verletzungen kommen kann, sollten Sie sich schützen: Wichtige Hinweise dazu finden Sie im Kapitel »Trennen von Naturstein«.

**2**

# Natursteinarten und ihre Eigenschaften

*1*

*2*

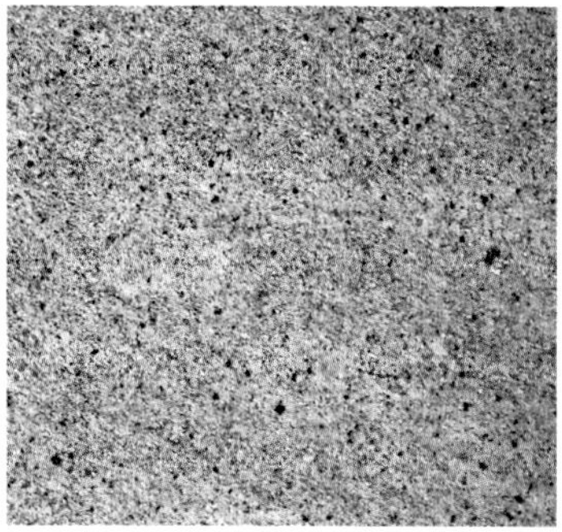

*3*

Für den Unkundigen sind alle harten Gesteine Granit, der Rest ist Marmor. Spätestens bei der Bearbeitung einzelner Gesteinsarten kommen Sie mit dieser einfachen Unterteilung nicht mehr weiter. Bei der Unzahl von Natursteinsorten, die mit verschiedenen Handelsnamen angeboten werden, beschränken wir uns auf die gängigsten der einzelnen Arten. Leider sind diese **Handelsnamen** oft irreführend, indem sie falsche Angaben oder Fantasiewörter enthalten. Ein Rosso Santiago stammt gar nicht aus Chile, der Tigersandstein ist nicht gestreift und ein Impala kann auch als Astor oder als Noir Afrique in den Handel kommen. Es ist also wichtig, sich genau zu erkundigen, was wirklich dahinter steckt.

***1*** Der **Granit** ist der bekannteste Vertreter der Tiefengesteine, einer Untergruppe der magmatischen Gesteine. Man erkennt ihn an seinem vollkristallinen, »würfeligen« Aufbau. Die großen Kristalle sind mit bloßem Auge erkennbar. Granit hat keine Hohlräume und keine fossilen Einschlüsse. Der hohe Quarzgehalt macht ihn sehr hart und schwer zu bearbeiten, verursacht zudem gesundheitsgefährdenden Staub. Er ist witterungsfest, aber nicht dauerhaft umweltbeständig.

Er besitzt fast immer eine stark gekörnte Struktur mit einer vorherrschenden Grundfarbe. Diese ist meist hellgrau bis bläulich, aber auch gelblich braun, rot bis rosa, gelegentlich grün, niemals aber schwarz.

Bekannte Vertreter sind beispielsweise Portugalo (grau), Imperial Red (dunkelrot), Baltik Braun (bräunlich) Bethel White (weiß/creme), Assuan Red (rötlich/braun), Verde Ubatuba (dunkelgrün).

***2*** Der **Syenit** hat ähnliche Eigenschaften und praktisch dieselben Erkennungsmerkmale wie Granit, besitzt aber wesentlich weniger Quarz und ist deshalb feinkörniger und nicht ganz so hart. Das Angebot ist nicht so umfangreich wie bei Granit.

Bekannter Vertreter ist der Labrador, der oft auch als Larvikit bezeichnet wird, mit kräftig schimmernden Partikeln als Labrador Hell (hellblau) und Labrador Dunkel (blaugrün).

*4*

*5*

*6*

***3* Diorit** ist aufgrund seiner mineralischen Zusammensetzung (fast kein Quarz) grünlich grau und von homogenerer und feinerer Struktur als Granit. Dadurch wirkt der Stein insgesamt optisch ruhiger. Die Qualitätsmerkmale und Eigenschaften hinsichtlich der Bearbeitung sind ähnlich dem Granit. Bekannt sind hier Verde Santiago aus Spanien und der San Nicola aus Argentinien.

***4*** Der **Gabbro** ist das zweithäufigste Tiefengestein, seine wirtschaftliche Bedeutung liegt aber weit hinter der von Granit. Die Grundfarben sind Schwarz, Weiß und verschiedene Grüntöne, die oft sehr homogen auftreten, aber auch wild miteinander vermischt sein können. Letztere werden im Kunsthandwerk genutzt. Gabbro kann durch blättrigen Glimmer ein schieferartiges Gefüge aufweisen, das ihn sehr schwer bearbeitbar macht. Mit über drei Tonnen pro Kubikmeter zählt er zu den schwersten Werksteinen (Granit ca. 2,75 t). Bekanntester Gabbro ist der Impala aus Südafrika.

Auch das Erscheinungsbild der **Lavagesteine** kann sehr unterschiedlich ausfallen:

***5* Vulkanische Tuffe** sind Ablagerungen von vulkanischer Asche, Gesteinsfetzen und Gesteinsstaub, die sich allmählich zu einem kompakten, aber unterschiedlich porösen Stein verfestigt haben. Struktur und Farbe sind vielfältig und reichen von Beige über Rötlich bis Dunkelgrün. Bekannte Sorten sind Weiberner Tuff und Ettringer Tuff.

Vulkanischen Ursprungs ist auch die rötliche Lava. Meist kleinformatig (Lavalit) findet sie in der handwerklichen Steinbearbeitung jedoch nur selten Verwendung.

Die kompakten **Ergussgesteine** gliedern sich in helle und dunkle Sorten:

***6* Rhyolit, Quarzporphyr** oder kurz **Porphyr** nennt man die hellen quarzhaltigen Sorten. Große Bedeutung hat dabei der rötliche bis graue Porfido. Er wird im nördlichen Italien um Bozen als Pflasterstein oder Plattenbruch abgebaut.

7

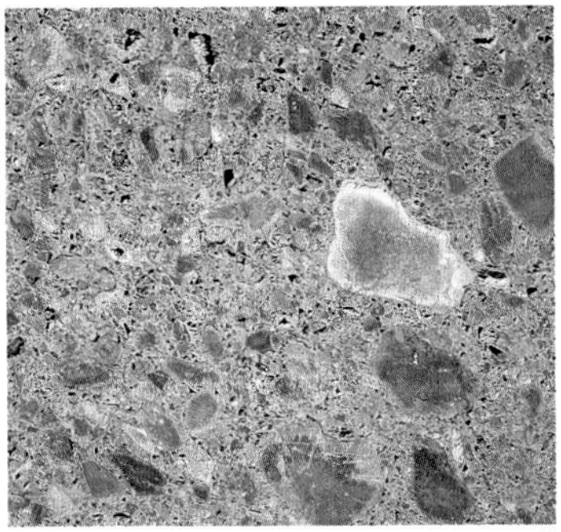
8

9

***7*** Zu den dunklen Ergussgesteinen zählt vor allem der **Basalt,** der dunkelgrau bis tiefschwarz sein kann. Fälschlich wird er oft als schwarzer Granit bezeichnet. Bedeutung findet er in letzter Zeit immer mehr als Kontraststein in der Innenarchitektur. Er ist aber relativ teuer und sehr schwer zu bearbeiten. Basaltgestein wird unter anderem in Hessen als Greifenstein und in Schweden als so genanntes Schwarz-Schwedisch (SS) abgebaut.

In diese Gruppe gehört auch der **Diabas**. Dabei handelt es sich um »vergrünte« Basaltgesteine. Durch Verwitterung und chemische Umwandlung entstehen farblich interessante Steine. Kompakte magmatische Gesteine sind schleif- und polierfähig, witterungsbeständig, aber bedingt umweltbeständig und sehr hart. Die erste Gruppe der Sedimentgesteine bilden die **Konglomerate** und **Brekzien**. Sie sind schwierig zu bearbeiten und nur bedingt frostbeständig.

***8*** Die runden Trümmer der Konglomerate, die im süddeutschen Raum häufig auch als Nagelfluh bezeichnet werden, können in Farbe, Größe und Zusammensetzung stark variieren und dem Stein dadurch ein lebhaftes Aussehen verleihen. Vorkommen findet man vor allem in Österreich wie Ramsau und Golling. In Italien nennt man die verschiedenen Sorten Ceppo. Die Brekzie ist in der Struktur und Farbe oft nicht so aufregend, da die Trümmer von ein und demselben Stein stammen. Vorkommen gibt es in den französischen Alpen als Breche sowie in Norditalien als Breccia.

**9 Sandsteine** bilden die viertgrößte Gruppe der verfügbaren Werksteine und entsprechend groß ist das Angebot. Die meisten Sorten sind witterungsbeständig, aber empfindlich gegenüber Umweltbelastungen. Er eignet sich hervorragend als Mauerwerkstein, als Tür- und Fenstereinrahmung, einige Sorten sind auch als Bodenbelag einsetzbar. Die Farbgebung ist unbegrenzt und reicht über das ganze Spektrum von Weiß bis Schwarz. Pigmentierte Adern oder Schlieren führen zu begehrten Sorten. Trotz ihres

»sandigen« Gefüges sind sie ausreichend druck- und abriebfest. Sie sind gut zu bearbeiten, stellen aber wegen des hohen Quarzgehalts größte Anforderungen an die Werkzeuge. In Deutschland sind unter vielen anderen der Mainsandstein (rot), Schönbrunn (weiß), Ihrlerstein (grün) bekannt.

Die **Kalksteine** bilden mit Abstand die größte Gruppe von verfügbaren Sorten, weit vor Granit, Marmor und Sandstein.

Formen und Farben sind in der Zusammensetzung praktisch unbegrenzt. Kalkstein lässt sich hervorragend bearbeiten, ist ausreichend druck- und zugbelastbar, aber nicht frostbeständig und sehr anfällig gegen Umwelteinflüsse. Deshalb wird er überwiegend im Innenbereich als Wand- und Bodenbelag eingesetzt.

***10*** Der bekannteste deutsche Kalkstein ist der Fränkische Jura, in vielen Varianten als Jura Gelb, Jura Grau, Jura Graugelb, gebändert und dergleichen mehr.

Wie alle polierfähigen Kalksteine wird auch der Jura oft irrtümlich als Marmor bezeichnet.

***11*** Echter **Marmor** ist umgewandelter Kalkstein mit zum Teil deutlicher Kristallbildung. Es fehlen fossile Einschlüsse und Hohlräume. Dadurch wird er sehr homogen im Gefüge und lässt sich ausgezeichnet bearbeiten. Ausnahmen bilden hier nur sehr stark kristalline Steine, weil die Kristalle an den Kanten leicht ausbrechen. Er ist auf Dauer nicht frostbeständig und anfällig gegen Umwelteinflüsse. Die Mehrzahl der Sorten tendiert zu einer hellen bis weißen Grundfarbe, aber auch jede andere Einfärbung von Rot über Grün bis Schwarz ist möglich. Ein Charakteristikum ist die vollkommen wahllose Ausbildung von pigmentierten Wolken, Schlieren, Streifen oder Flecken. Bekannte Sorten sind der **Carrara**, Cipollino, Calacatta (alle aus Italien), Naxos, Thylos (Griechenland), Estremoz (Spanien).

***10***

***11***

# Gesteinsfehler

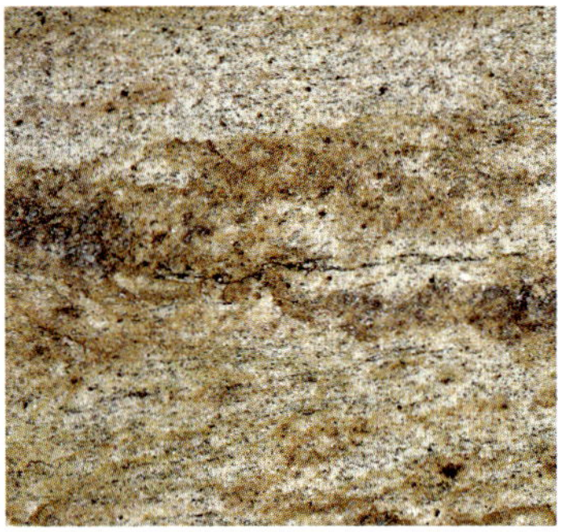

1

2

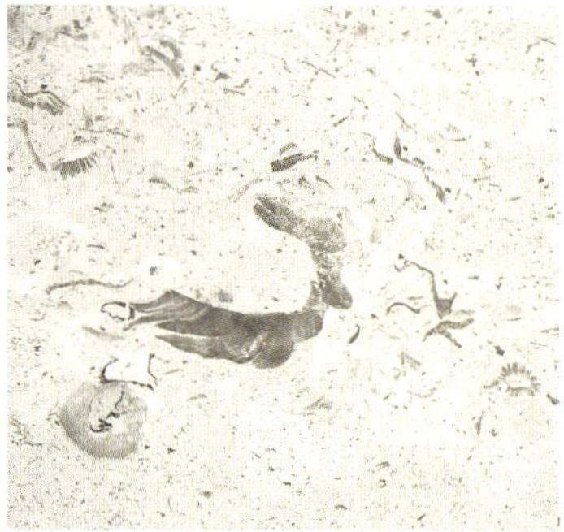

3

Gesteinsfehler können einen Werkstein unter Umständen unbrauchbar machen, je nach Art und Grad des Mangels. Da Naturstein relativ teuer ist, sollten Sie Ihr Augenmerk besonders auf die Qualitätsmerkmale richten.

***1*** Zu den typischen Gesteinsfehlern, die praktisch in allen Arten vorkommen können, ist der so genannte **»Stich«** zu zählen. Dabei handelt es sich um eine Rissbildung von unterschiedlicher Breite und beliebiger Richtung. Die Ursachen sind meist tektonischer Art und in der Lagestätte im Boden durch Gebirgsdruck oder kleinere Erdbeben zu suchen. Natürlich können auch die Abbaumethoden, wie z. B. Sprengen, das Gefüge im Stein zerstören, was zu feinsten Haarrissen führt. Oft sind Stiche durch eine dunklere Einfärbung zu erkennen, wenn sich Staub und Feuchtigkeit einlagern. Im Zweifel hilft die Nagelprobe, indem man mit dem Fingernagel quer zum Stichverlauf streicht. Auch ein Benetzen der Stelle mit Wasser kann Aufschluss geben, denn ein Riss nimmt die Flüssigkeit auf. Das Anklopfen mit einem kleinen Hammer zur Klangprobe ist aber besser etwas für geübte Steinkenner. Ein weiterer Hinweis auf »Stiche« können Ausbrüche und fransige Ränder entlang der Risskante sein.

***2*** Als **»Naht«** bezeichnet der Fachmann eine besondere Form der Rissbildung im Kalkstein. Sie entsteht durch unvollständige Ausheilung während der Entstehung und lückenhafte Einlagerung von Ton.

Charakteristisch ist der verzahnte Verlauf quer zur Schichtung des Gesteins.
Nicht alle spezifischen Eigenheiten eines Natursteins sind »Fehler«. Vor allem Einlagerungen aus pigmentierten Stoffen wie Vulkanasche, die schwarze Spuren hinterlässt, Eisen, das zu rostroten Stellen führt oder Verfärbung durch Verwitterung sind **keine Mängel** im Stein.

***3*** Besonders Kalksteine sind reich an fossilen Einschlüssen, die oft als dunkle Flecken im sonst hellen Gefüge erscheinen und vom Laien als Qualitätsminderung angesehen werden.

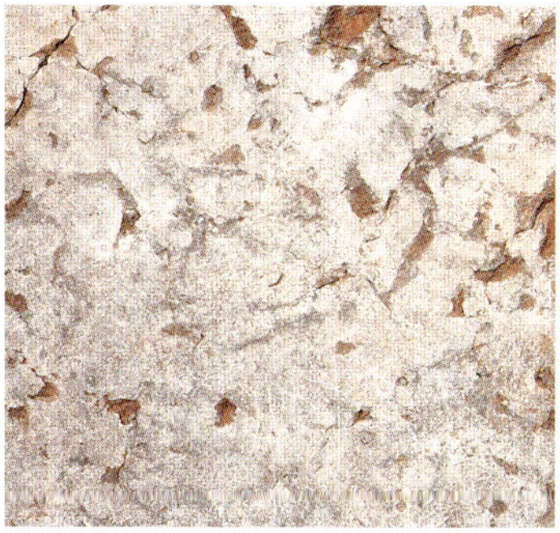

*4*

**5**

Eine weitere Eigenschaft von Kalkstein und ebenso von Marmor ist ihre Anfälligkeit gegen **Säuren** jeglicher Art. Auch hier wird die mangelnde Resistenz oft als mindere Qualität angesehen.

***4*** Die Schäden reichen von matten Flecken über helle Ränder bis zum Lochfraß in extremen Fällen.

Auch schwache Konzentrationen wie Fruchtsäure in Säften und Kohlensäure in Limonaden bzw. im Bier greifen Kalkstein an. Gleiches gilt für säurehaltige Putzmittel wie Essigreiniger, die deshalb durch ph-neutrale Reiniger ersetzt werden sollten. Sogar in Tongefäßen wie einfachen Blumentöpfen können Spuren von Säuren (Salpeter) enthalten sein, die beim Gießen ausgewaschen werden. Sichere Anzeichen dafür sind weiße Verfärbungen oder Flockenbildung an der Außenseite der Töpfe.

***Profitipp***
Wischen Sie verschüttete säurehaltige Flüssigkeiten sofort auf und waschen Sie mit reichlich Wasser nach. Unter Topfpflanzen stellen Sie am besten einen Untersetzer. Nasse Schuhe sollten Sie im Winter zum Trocknen nicht auf Kalksteinböden abstellen. Anhaftendes Streusalz wird den Boden mit Sicherheit angreifen und auf Dauer sogar zerstören. Im Eingangsbereich sollten Sie deshalb auf widerstandsfähigere Materialien wie Granit, Syenit oder ähnliche Hartgesteine zurückgreifen.

***5*** Farbstoffe aus Lebensmitteln und Gewürzen, aber auch aus Kosmetika, etwa farbige Seifen und Duschmittel und dergleichen, können bei längerem Einwirken in den Stein eindringen und farbige Rückstände bilden.

***6*** Vermeintliche »Sprünge« oder »Risse« im Kalkstein oder Marmor entpuppen sich bei der fachmännischen Analyse in der Regel als **Kalzitadern**, die wegen ihres transparenten, glasigen Aussehens tatsächlich wie »geklebt« erscheinen. Hier handelt es sich aber um Kalk, der sich zu reinen Kristallen ausgebildet hat.

Dennoch sei darauf hingewiesen, dass manche Kalksteinsorten bevorzugt entlang solcher Adern reißen.

**6**

# Bindemittel

Verlegemörtel im Steinhandwerk müssen aus ganz spezifischen Bestandteilen zusammengesetzt sein:

- Bindemittel,
- Zuschlagstoffe,
- Anmachwasser.

Ihre Aufgabe ist zum einen, die Werksteine durch Haftung zu verbinden, zum anderen Unebenheiten im Stein auszugleichen, um eine gleichmäßige Belastung zu gewährleisten.

Der wichtigste und für die Qualität des Mörtels entscheidende Faktor ist das **Bindemittel**, das die Mischung zum Aushärten bringt. Seine Güte entscheidet über Druckfestigkeit, Dauerhaftigkeit und Widerstandsfähigkeit gegen äußere Einflüsse.

Grundstoff aller natürlichen Bindemittel ist **Kalk**. Rohmaterial ist Kalkschotter, der meist im Tagebau gewonnen wird, sowie weitere Materialien, die beigemischt werden. Die Zusammensetzung und die Höhe der Brenntemperatur bestimmen über die Beschaffenheit des Endprodukts. Ältestes Bindemittel ist **Luftkalk**, auch Löschkalk genannt. Er wird bei ca. 800 °C gebrannt und kommt als gemahlenes Pulver in den Handel. Vor dem Verarbeiten muss er in einer Grube oder Wanne mit Wasser »gelöscht« werden. Dabei entsteht Wärme bis zu 150 °C. Kalkhydrat (Walhalla) ist bereits vorgelöschter Kalk. Luftkalke sind mäßig druckfest, anfällig gegen Feuchtigkeit und erhärten nur sehr langsam. Für Steinarbeiten sind sie nur bedingt tauglich.

**Hydraulischer Kalk**, auch **Romankalk** genannt, besitzt einen hohen Anteil an Quarz und anderen Oxiden. Diese Zusätze und die höhere Brenntemperatur (bis ca. 1200 °C) geben ihm ausreichende Belastbarkeit und verleihen ihm in kurzer Zeit eine hohe Anfangsfestigkeit. Zugaben von hydraulischem Kalk macht z. B. Zementmörtel geschmeidiger.

Standard bei den Bindemitteln ist **Zement**. Hauptbestandteil aller Zemente ist der so genannte Zementklinker. Er entsteht beim Brennen (ca. 1450 °C) von Kalk und Ton unter bestimmten chemischen Reaktionen. Je nach Zusammensetzung der Rohmaterialien unterscheidet man:

| Zementart | Kennung |
|---|---|
| Portlandzement | PZ |
| Eisenportlandzement | EPZ |
| Hochofenzement | HOZ |
| Trasszement | TrZ |

PZ besteht aus 100% Zementklinkern. Er ist der preisgünstigste Zement, überall erhältlich, frostfest und sehr schnell belastbar. Nachteilig, vor allem bei der Steinverarbeitung, ist die Neigung zum »Ausblühen«. Dieses Problem tritt vor allem bei Kalksteinen und Marmor auf, die ebenso wie der Zement aus Kalk bestehen und mit diesem wechselseitig reagieren.

Der hohe Anteil von Kalkstein im Zement birgt die Gefahr, durch Stickstoffverbindungen (Salpetersäure) angegriffen zu werden. Der Stickstoff stammt entweder aus der Luft, oder aus Verunreinigungen im Rohmaterial, die beim Brennen nicht immer vollständig verschwinden. Die Folge sind unschöne Verfärbungen oder gar Ausbildungen von Kalksalpeter, der sich als weiße Flocken niederschlägt.

Tiefengesteine sind gegen das **Ausblühen** beständig, da sie keinen Kalk enthalten.

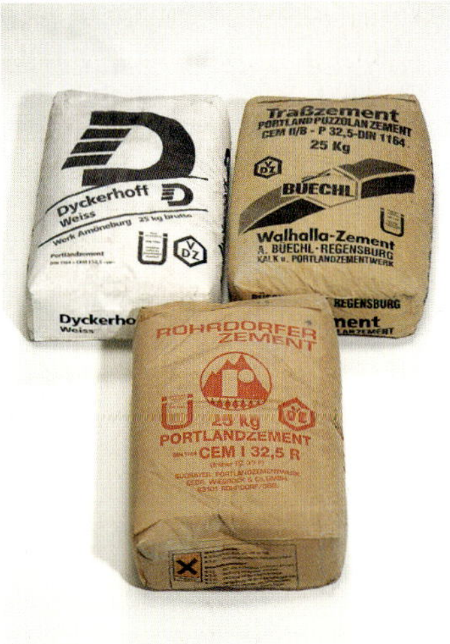


*1*

***1*** Diese Probleme können Sie durch Verwendung von **Trasszement** (ital. Puzzolane oder Pozzuoli genannt) weitgehend ausschalten. Trass ist Vulkanasche, die dem Zement zu ca. 40 % beigemischt wird und ihn beständig gegen Säuren und Laugen machen. Weiterer Vorteil ist eine starke Gelbildung, wodurch sich der Mörtel besser verarbeiten lässt.

Wenig Bedeutung in der Steinverarbeitung haben Hochofenzement und Eisenportlandzement. Ihnen ist im Unterschied zum Portlandzement Hochofenschlacke, so genannter Hüttensand, beigemischt. Zement wird in folgende Festigkeitsklassen unterteilt:

**Z 25, Z 32,5, Z 45, Z 55.**

Die Zahlenangaben sind Hinweise auf die Normdruckfestigkeit, die der Zement in 28 Tagen Abbindezeit erreicht haben muss. Zusätze wie »L« oder »F« (z. B. Z 32,5L) geben Aufschluss für die Anfangserhärtung. Die gängigste Festigkeitsklasse ist der Z 32,5L, der allen Anforderungen im Steingewerbe genügt.

Zement besitzt einige Eigenschaften, die Sie bei Ihren Arbeiten mit Zementmörtel unbedingt berücksichtigen sollten.
Das so genannte **Abbinden** von Zement erfolgt in mehreren Stufen.

- Die Verarbeitungszeit beträgt bei allen Zementsorten eine Stunde (Offenzeiten).
- Danach beginnt die Phase des Erstarrens, in der Sie den Mörtel nicht mehr bewegen sollten. Sie dauert zwölf Stunden und bei der Reaktion wird Wärme freigesetzt.
- Anschließend erfolgt die Aushärtung in 28 Tagen bis zur Normdruckfestigkeit. Während dieser Zeit schrumpft das Volumen des Mörtels.

Obige Eigenschaften besitzen nur Normzemente. Sie dürfen auch untereinander vermischt werden, es gelten dann aber die Werte für die niedrigste Festigkeitsklasse.
Bei nicht genormten Zementen müssen Sie unbedingt die Angaben des Herstellers beachten. Diese Produkte sind meist auf ein kleines Anwendungsgebiet beschränkt (beispielsweise FIX-Zement, Schnellbinder o. Ä.).

Die **Verarbeitungstemperatur** für Zement und alle zementgebundenen Mörtel oder Kleber muss über + 5 °C liegen. Darunter reagiert Zement nur noch sehr langsam, u. U. auch gar nicht. Die Folge ist, dass sich das Anmachwasser verflüchtigt und dieses dem Zement zum Abbinden fehlt.
Zement kann nur etwa 40 % seines Eigengewichts an Wasser binden. Bei zu wenig Wasser wird der Zement nur unzureichend reagieren. Er härtet nicht richtig aus, was zu geringerer Druckfestigkeit führt. Aber auch ein zu hoher Wasseranteil senkt die Festigkeit erheblich.

2

3

Gips oder gipshaltige Gebinde dürfen nicht mit Zement versetzt werden. Aufgrund der unterschiedlichen Art der Einbindung des Wassers beim Aushärten wird dem Zement das benötigte Wasser entzogen.

Als **Zuschlagstoff** wird für das Verarbeiten von Naturstein ausschließlich Sand verwendet. Er wird in verschiedenen Körnungen angeboten. Man nennt sie Prüfkorngrößen, die genormt sind und in Millimeter angegeben werden: 0–0,25–0,5–1–2–4–8.

Bei Korngrößen über 8 mm spricht man von Kies.

***2–3*** Für Verlegearbeiten wird Sand in der Größe 0–4 verwendet. Das Korn selbst sollte möglichst rund sein, damit es besser verdichtet (geklopft) werden kann. Vermeiden Sie kubische, plattige oder gar gebrochene Formen (Splitt). Die Zuschlagstoffe sollten frei sein von Verunreinigungen wie Erde, Blättern, kleinen Ästen u. a. In all diesen Rückständen finden sich Stickstoffverbindungen, die zu Salpeterausblühungen führen können.

***Sicherheitstipp***

Kalk und Zement reagieren stark alkalisch, das heißt sie greifen Schleimhäute und ungeschützte Körperstellen an, was zu schlimmen Verätzungen führen kann. Darum sollten Sie Hautberührungen durch das Tragen von Handschuhen vermeiden. Bei Kontakt mit den Augen sofort mit reichlich klarem Wasser nachspülen.

Für kleinere Arbeiten, bei denen relativ wenig Material benötigt wird, sind fertig abgepackte Mischungen von Mörtel oder Ansetzbinder auf den Markt gekommen. Dadurch entfällt die getrennte Anschaffung und Lagerung der Komponenten und das Mischen im genauen Verhältnis.

Häufig enthalten solche Mischungen noch zusätzliche, vorteilhafte Substanzen (Additive), die man selbst kaum beimischen kann.

***Profitipp***

Wenn Sie Sand im Freien lagern müssen, schützen Sie ihn vor Verunreinigung, indem Sie eine Plane oder Ähnliches darüber legen und diese beschweren. Als Anmachwasser dient sauberes und kaltes Leitungswasser. Abstand nehmen sollten Sie von Regenwasser, besonders wenn es aus Überlauftonnen kommt. Selbst wenn Verschmutzung durch größere Teile wie Laub ausgeschlossen ist, bilden sich in solchem Wasser erfahrungsgemäß Algen. Damit haben Sie die vorher erwähnten Probleme wie Salpeterausblähungen.

# Fertigmörtel und Kleber

*1*

*2*

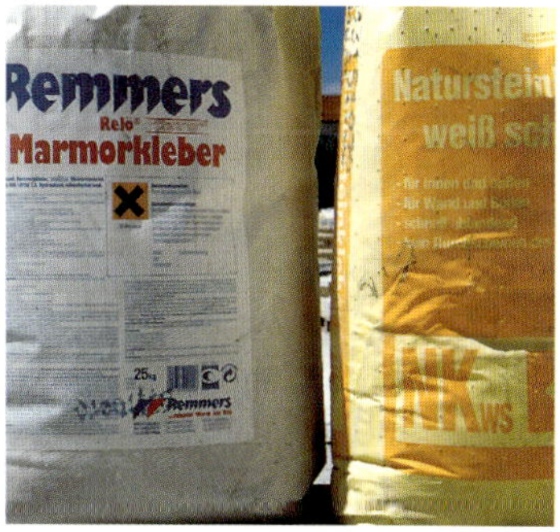


*3*

***1*** **Fertigmischungen** werden je nach Hersteller in Papiersäcken zu 25, 30 oder 40 kg angeboten. Sie decken heute nahezu jeden Bedarf ab. Außerdem sind für die Steinverarbeitung auch Gebinde mit Trasszement erhältlich.

Mit Wasser und einem Handquirl können Sie Mörtel in unterschiedlicher Konsistenz von weich bis steif anrühren.

Seit es in der Steinindustrie gelungen ist, Naturstein als Platten im Fliesenformat herzustellen, kommt dem **Klebeverfahren** eine immer größere Bedeutung zu. Dabei ist das so genannte Dünnbettverfahren (neben Mittelbett und Dickbett) das am weitaus häufigsten praktizierte Verfahren.

**2** Entscheidend ist es, aus der großen Produktpalette das richtige Angebot zu nehmen. Fast jeder Hersteller bietet spezielle Natursteinkleber an. Vor allem wenn Sie Kalkstein oder Marmor verlegen, sollte solch ein **Spezialkleber** die erste Wahl sein. Den weißen Sorten ist unbedingt der Vorzug einzuräumen. Dunkle Gebinde bergen die Gefahr, durch den oft transparenten Marmor durchzuscheinen.

***3*** Für Arbeiten **im Freien** (Balkone, Terrassen etc.) oder für Fußbodenheizungen sind so genannte flexible Kleber zu verwenden. Diese können aufgrund von Beimischungen aus Kunststoffen das thermische Arbeiten des Untergrunds besser aufnehmen.

***Profitipp***

Beachten Sie genau die Offenzeiten für die einzelnen Kleber. Gerade Marmorkleber binden sehr rasch ab (ca. eine Stunde). Sobald der Kleber auszuhärten beginnt, darf er nicht mehr verarbeitet werden, da er seine Klebewirkung verliert. Berücksichtigen Sie dies beim Anmischen der zu verarbeitenden Menge und vermeiden Sie es, mehr Kleber herzustellen, als Sie in der Offenzeit verarbeiten können. Füllen Sie deshalb zunächst eine eher geringe Menge Wasser in das Mischgefäß. Rühren Sie anschließend die Fertigmischung ein. Bei Bedarf können Sie jederzeit Wasser hinzugeben.

# Fugen und Fugenmassen

*1*

*2*

Die Fugenausbildung richtet sich zum einen nach dem Format des verlegten Materials, zum anderen nach der verwendeten Fugenmasse. Die **Fugenlinien** müssen gleichmäßige und parallele Linien ergeben.

***1*** Eine Ausnahme bilden hier polygone Platten (Bruch).

**Mörtelfugen** müssen mindestens 4 mm breit sein (besser jedoch 5 bis 6 mm), um eine exakte Fugenfüllung zu gewährleisten. Zu schmale Fugen werden oft nur an der Oberfläche zugeschmiert. Wegen der Widerstandsfähigkeit kommen nur reine Zementmörtel infrage. Mörtelfugen werden vor allem bei großen und tiefen Fugen sowie im **Außenbereich** verarbeitet. Die Zuschlagstoffe müssen im Korn kleiner sein, als die Fuge breit ist. Je größer die Körnung, umso rauer wird die Fuge. Gute Ergebnisse erzielen Sie mit Quarzsand in den Korngrößen 0–0,4 mm (sehr fein) bis zu etwa 0,8 mm. Das **Mischungsverhältnis** sollte bei 1 : 3 liegen, also ein Raumteil Trasszement auf drei Raumteile Sand. Sehr feine Sande sollten Sie besser mit 1 : 2 anmischen. Bei großen Fugen ist es sinnvoll, diese vorab mit grobem Mörtel auszufüllen und darüber im nächsten Arbeitsgang eine feinere Mischung zu ziehen.

***2*** Im **Innenbereich** werden Natursteine aus optischen Gründen oft mit Fugenabständen von weniger als 2 mm verlegt. Diese Methode ist nur bei dünnen Platten von ca. 1 cm Dicke vertretbar oder wenn die Kanten eine Fase aufweisen. Bei zu schmaler Ausbildung kann das Material nicht fugenfüllend einlaufen, sodass sich Hohlräume bilden, die später zum Aufplatzen des Fugenmittels führen können. **Fertige Fugenmasse** für Naturstein ist exakt nach den Angaben des Herstellers zu verarbeiten. Wegen der hohen Preise sind diese nur wegen der Auswahl an Farben und dann nur für Wandfugen interessant. Am Boden ist auf Dauer (Zement-)Grau die dankbarste Farbe. Auf jeden Fall müssen Sie auf die Verträglichkeit mit Kalkstein und Marmor achten. Gerade bei diesen Materialien können sich sonst farbliche Veränderungen an den Rändern der Platten ergeben.

Im Bereich von Fußbodenheizungen oder im Freien wird auf die Verarbeitung von so genannten **Flexfugen** hingewiesen. Sie können die Spannungen beim immer wiederkehrenden Aufheizen und Abkühlen besser ausgleichen.

Anschlüsse zu anderen Bauteilen werden mit **dauerelastischem Fugenmaterial** erstellt, das jedoch ausdrücklich für Naturstein freigegeben sein muss.

# Darauf können Sie bauen!

## COMPACT PRAXIS »do it yourself«

- Jeder Band mit über 200 Abbildungen und instruktiven Bildfolgen – alles in Farbe.
- Übersichtliche Symbole für Schwierigkeitsgrad, Kraftbedarf, Zeitaufwand u.v.m. – alles auf einen Blick.
- Anwenderfreundliche Komplettanleitungen für alle wichtigen Heimwerkerarbeiten – keine schmalen Einzelthemen.
- Mit besonders hervorgehobenen Sicherheits-, Profi- und Ökotipps.

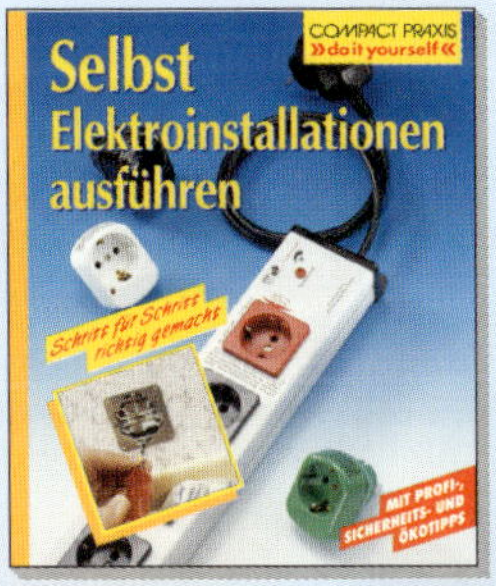

Über 60 Titel lieferbar.
Bitte fordern Sie unseren Prospekt an!

**DM 19,80**

Compact Verlag GmbH
Züricher Straße 29
81476 München
Telefon: 0 89/74 51 61-0
Telefax: 0 89/75 60 95
Internet: www.compactverlag.de

# Die wichtigsten Werkzeuge

Auf dieser Seite finden Sie die wichtigsten Werkzeuge, die Sie benötigen, um selbst mit Naturstein zu bauen und zu gestalten.

### *Werkzeuge zum Messen und Richten*

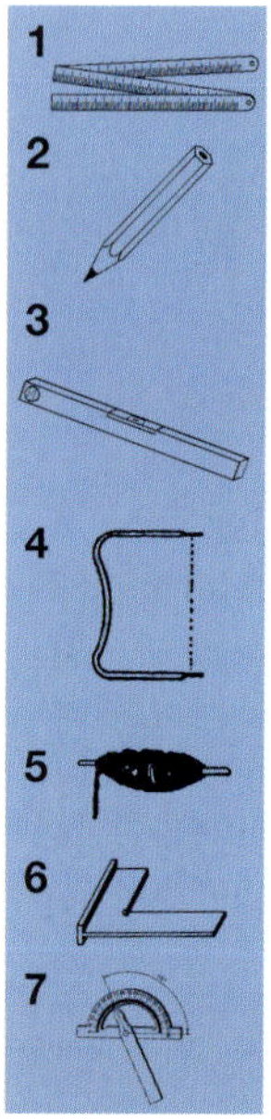


**1 Meterstab:** Dient zum exakten Messen.

**2 Bleistift bzw. Fettstift:** Mit weicher Mine in unterschiedlichen Farben für gut erkennbaren Anriss.

**3 Wasserwaage:** Wird in verschiedenen Längen benötigt. Dient zur Feststellung der Senkrechten bzw. Waagrechten.

**4 Schlauchwaage:** Dient zum Einnivellieren verschiedener weit auseinander liegender Punkte einer waagrechten, ebenen Fläche.

**5 Richtschnur:** Zum Ausrichten von Balken, Sparren, Latten etc.

**6 Winkel:** Zum Antragen eines rechten Winkels.

**7 Winkelschmiege:** Zum konstruktiven Übertragen eines vorgegebenen Winkels auf das Werkstück.

### *Werkzeuge für die Steinbearbeitung*

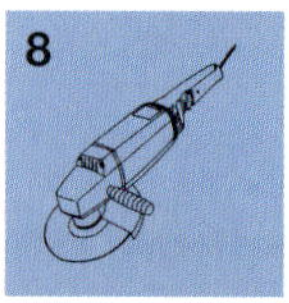


**8 Winkelschleifer:** In zwei Größen zum Trennen (Ø 230) beziehungsweise zum Vorbereiten von Durchbrüchen (Ø 115); nur im Trockenschnitt zu verwenden.

**9 Steinsäge:** Für Nassschnitt von Naturstein. Lohnt sich bei vielen Schneidearbeiten, kann aber auch ausgeliehen werden.

**10 Handschleifstein:** Zum Glätten von scharfen Schnittkanten, um Verletzungen zu vermeiden.

**11 Bohrmaschine:** Als kombinierte Schlagbohrmaschine mit verschiedenen Bohreinsätzen für viele Arbeiten verwendbar. Mit starkem Motor und elektronischer Drehzahlregulierung auch zum Anrühren von Mörtel und Fugenmaterial einsetzbar.

**12 Steinbohrer:** Spezielle Bohrer mit Hartmetallschneide an der Spitze. Unterschiedliche Längen und Durchmesser.

**13 Schlageisen:** Flachmeißel in unterschiedlichen Breiten und Längen. Das wichtigste Werkzeug der manuellen Steinbearbeitung.

**14 Sprengeisen:** Spezielles Werkzeug zum Anarbeiten von geraden, bruchrauen Kanten. Das überschüssige Material wird mit einem Schlag »abgesprengt«.

**15 Spitzeisen:** Ein Spitzmeißel in unterschiedlichen Längen und Ausführungen. Gut bewährt hat sich Lufthärterstahl, wodurch die Eisen problemlos selbst nachgeschliffen werden können.

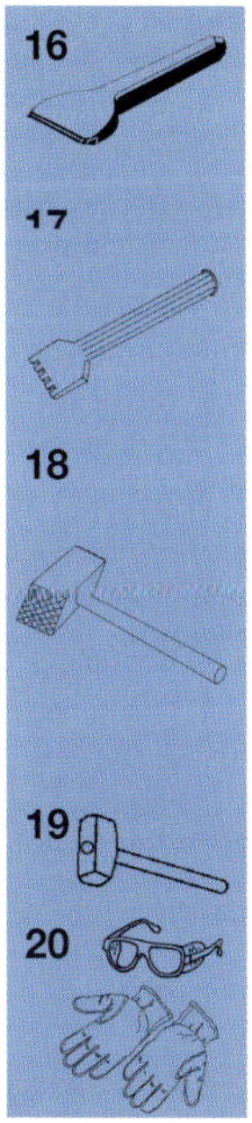


**16 Scharriereisen:** Dient zur Herstellung einer scharrierten Fläche bei Weichgestein, ähnlich aneinander gereihten Rillen.

**17 Zahneisen:** Dient zum Flächenbearbeiten von Weichgestein, mit breiter gezahnter Schneide.

**18 Stockhammer:** Zur Flächenbearbeitung besitzt die Hammerbahn so genannte Stockzähne. Anzahl und Größe der Zähne sowie ihr Abstand zueinander bestimmen den Grad der Ausarbeitung.

**19 Fäustel/Schlägel:** Dient vor allem zum Arbeiten mit Spitz- und Sprengeisen.

**20 Schutzbrille** und **Arbeitshandschuhe:** Mindern die Verletzungsgefahr bei Steinarbeiten.

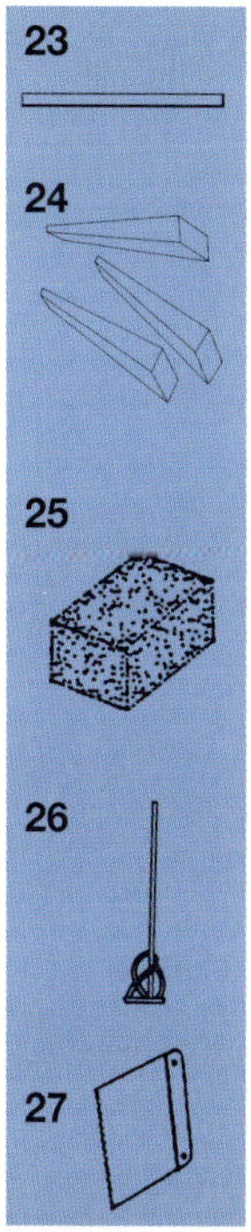


**23 Richtlatte:** Sie dient zum Überprüfen der Flucht beim Verlegen von Verbundplatten.

**24 Holzkeile:** Helfen beim Ausgleichen von Unebenheiten. Bei dem Erstellen von Wandverkleidungen dienen sie als Abstandhalter zur Fugenbildung.

**25 Schwamm:** Zum sofortigen Reinigen der Werksteine von Mörtelresten, Schmutz u. a. Eventuell auch bei Untergründen oder großen Fugen.

**26 Quirleinsatz:** Für Bohrmaschine oder Rührgerät. Wichtig ist die röhrenförmige Ausbildung der Spindel, was ein besseres Durchmischen garantiert.

**27 (Zahn-)spachtel:** In unterschiedlichen Größen erhältlich. Dient zum Auftragen von Klebern.

### *Werkzeuge zum Versetzen und Verlegen*

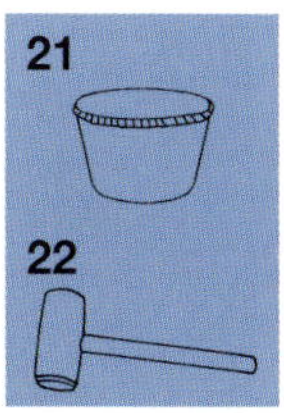


**21 Mörteleimer oder -kasten:** Zum Anrühren des Mörtels. Eimer sind vorteilhafter beim Tragen.

**22 Gummihammer:** Dient zum Ausrichten der Platten, vor allem beim Dickbettverfahren.

### *Werkzeuge für dauerelastische Fugen*

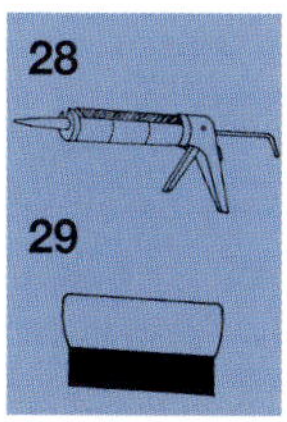


**28 Ausdrückpistole:** Zum Verarbeiten von Kartuschen mit dauerelastischem Material.

**29 Abziehgummi:** Dieses Werkzeug dient zum Abziehen von dauerelastischen Fugen.

# Messen und Anreißen

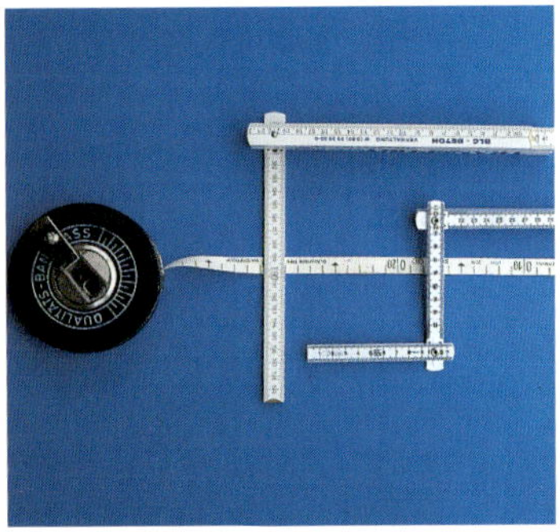

1

2

3

Das Arbeiten mit Naturstein fordert ein sehr exaktes und gewissenhaftes Vorgehen bei allen Schritten. Diese Sorgfalt beginnt bereits beim **Aufmaß** vor Ort auf der Baustelle und führt nahtlos über zum Messen bzw. Anreißen der zu bearbeitenden Werkstücke.

Naturstein lässt sich millimetergenau bearbeiten und **Messfehler** können sich bis zur Unbrauchbarkeit einzelner Werkstücke oder der ganzen Arbeit summieren. Da Naturstein in der Anschaffung relativ teuer ist, sollten Sie mit größtmöglicher Umsicht ans Werk gehen. Das Ergebnis wird alle Anstrengungen rechtfertigen.

***1*** Zum Messen benutzen Sie einen **Meterstab**, auch Zollstock genannt, oder ein kleines Taschenmaßband. Für größere Messungen eignet sich ein aufrollbares Maßband mit 10 m, besser 20 m Länge.

***Profitipp***

Benutzen Sie immer dieselben, am besten die eigenen Messwerkzeuge. Nur so beugen Sie Messfehlern wegen unpräziser Eichung oder ausgeleierten Gliedern vor, die zu Ungenauigkeiten und Schäden führen.

Bei Meterstäben sollten Sie die Glieder immer ganz aufklappen und Maßbänder straff ziehen. Die Werkzeuge werden grundsätzlich gerade an der Messkante angelegt, sie dürfen sich nicht biegen und nicht durchhängen.

***2*** Zum Antragen von Winkeln benutzen Sie feste **Anschlagwinkel** von unterschiedlicher Größe (90°, 45°, 30° usw.) und Schenkellänge. Bei größeren Messungen ist eine Schenkelverlängerung durch Anlegen von zwei Aluminiumlatten möglich.

***3*** Ein spezieller **Winkelmesser** mit Gradeinteilung, auch als Winkeldreieck erhältlich, ist im Einsatz flexibler, erfordert aber eine sorgfältige Vorgehensweise. Beim Anlegen müssen Sie sich auf den »Nullpunkt« beziehen, der in der Regel besonders gekennzeichnet ist.

Um ein Aufsummieren von Messfehlern zu vermeiden, benutzen Sie immer dieselbe Grundkante am Werkstück als Ausgangsbasis.

*4*

*5*

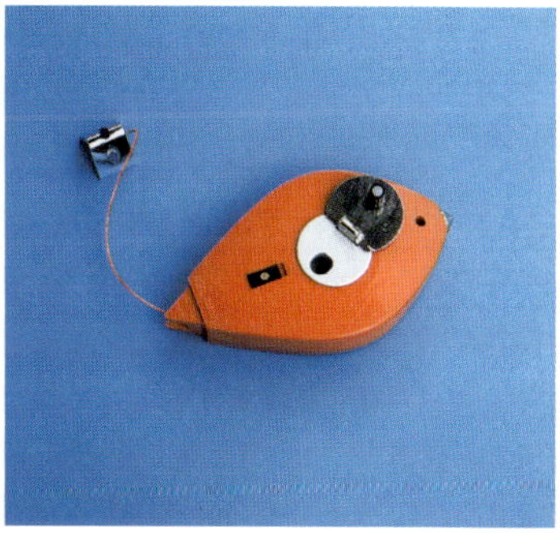

*6*

***4*** Zum Abtasten vorgegebener Winkel dient eine **Winkelschmiege**. Über eine Flügelschraube lassen sich die beiden Messschenkel per Hand fixieren und anschließend auf das Werkstück übertragen.

***5*** Eine **Richtlatte** hilft beim Ausrichten von geraden Kanten (Flucht) oder ebenen Flächen. Mit zwei Richtlatten auf einer Fläche können Sie zudem kontrollieren, ob diese windschief oder völlig eben geraten sind.

Als **Anreißwerkzeug** dient in erster Linie ein weicher (4B) Bleistift. Bei stark strukturierten oder dunklen Steinen benötigen Sie einen farbigen Fettstift, um den Riss sichtbar zu machen. Ebenso sind nasse Oberflächen von polierten Steinen für Bleistifte ein schlechter Untergrund. Die Spitze muss immer fein ausgebildet sein, damit Sie wirklich exakte Linien ziehen können. Dazu benötigen Sie einen passenden Spitzer, ein scharfes Messer oder Schmirgelpapier. Profis verwenden zum Anreißen eine Reißnadel mit Hartmetallspitze.

***Profitipp***

Vermeiden Sie unbedingt tintenhaltige Stifte wie Roller, Filzschreiber usw., weil sich die flüssige Tinte auch bei hochpolierten Steinen in den feinen Poren verzweigt und diese Stellen nicht mehr zu reinigen sind. Verwenden Sie Blei- oder Fettstifte, die Sie problemlos entfernen können.

Zu beachten ist jedoch, dass dabei entstehende Risse nicht mehr korrigierbar sind.

Zum Aufreißen oder Vorzeichnen auf Mauerwerk oder Beton genügt ein einfacher kräftiger Maurerbleistift mit harter Mine.

***6*** Längere gerade Linien lassen sich mithilfe einer **Schlagschnur** am einfachsten erstellen. Dies kann durchaus von einer Einzelperson erledigt werden. Dazu richten Sie die Schnur auf zwei Messpunkten in der gewünschten Richtung aus. Dann klemmen Sie den Knebel unter einen schweren Gegenstand (z. B. mehrere Steinplatten) und schlagen diesen über die benötigte Strecke. Millimetergenauigkeit lässt sich mit dieser Methode jedoch nicht erreichen.

7

8

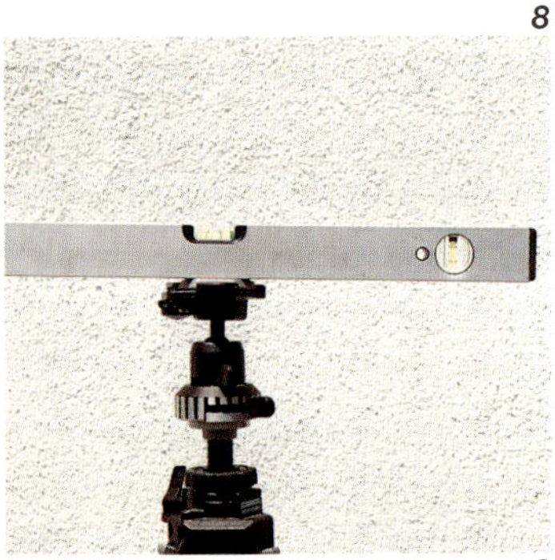

9

***Profitipp***
Bei unebenem und welligem Untergrund zeichnet sich die Schlagschnur nicht in den Vertiefungen ab. Diese Stellen müssen Sie u. U. mit einer Latte und einem Bleistift nacharbeiten.

**Aufriss von waagrechten und senkrechten Ebenen**

***7*** Einfachstes und wichtigstes Gerät ist hierfür die **Wasserwaage**. Das Einmessen von waagrechten Flächen bezeichnet man auch als Einnivellieren. Wasserwaagen gibt es in unterschiedlichen Längen und Ausführungen. Die Anschaffung einer kurzen, mittleren und langen Ausführung ist sinnvoll und deckt die meisten Anforderungen ab. Für die Qualität entscheidend ist eine große, gut sichtbare »Libelle«. Solche mit fluoreszierenden Flüssigkeiten liefern auch bei schlechten Lichtverhältnissen noch brauchbare Ergebnisse.

Beim Ablesen sollten Sie immer im rechten Winkel auf die Lesemarke schauen. Besonders an senkrechten Stellen müssen Sie mit dem Kopf u. U. ganz an die Wand herangehen, um eine exakte Messung zu erzielen. Die Luftblase muss dabei genau zwischen den beiden Markierungen liegen. Auf keinen Fall darf der Zwischenraum als Toleranzgrenze betrachtet werden, in dem die Messblase nur ungefähr liegen sollte.

***8*** Zum Einmessen größerer waagrechter Flächen, bei denen die Messpunkte weit auseinander liegen, benötigen Sie eine **Schlauchwaage**. Die Handhabung ist relativ einfach. Zwei Personen halten je ein Ende des Schlauches an die zu messenden Punkte. Hat sich die Flüssigkeit im Schlauch beruhigt, befinden sich die beiden Pegel auf einem gemeinsamen Niveau, d. h. auf derselben Ebene. Diese wird auf beiden Seiten mit einem Bleistiftstrich markiert. Von dort aus können Sie mit dem Meterstab jedes gewünschte Maß nach oben bzw. unten abtragen oder weitere Punkte in der beschriebenen Weise einnivellieren.

***9*** Noch einfacher und schneller geht es mit einer **Laserwasserwaage**. Mit ihr kann auch eine Einzelperson problemlos arbeiten und sowohl waagrechte als auch senkrechte Fluchten anreißen.

# Materialberechnung

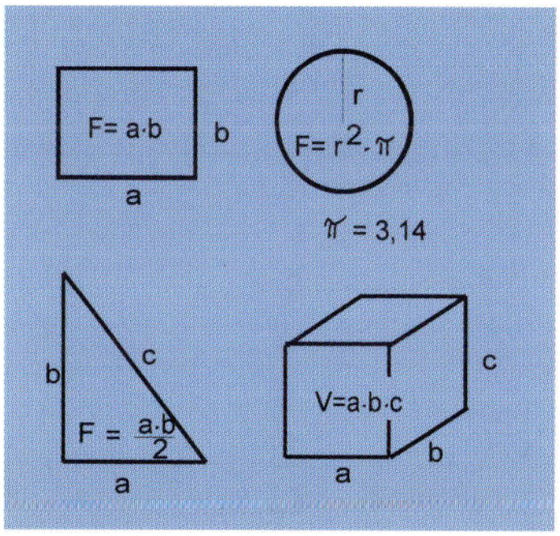


*1*

Wenn Sie das Aufmaß auf der Baustelle genommen haben, geht es an die Bedarfsberechnung der benötigten Materialien.

## Werksteine

Bei einzelnen Posten wie zum Beispiel Fensterbänken werden die Maße einfach übernommen, gesonderte Berechnungen sind in der Regel nicht erforderlich. Anders ist das bei großflächigen Wand- oder Bodenbelägen, noch dazu, wenn es sich um krumme Formen handelt.

***1*** Die so ermittelten Werte entsprechen aber noch nicht der tatsächlich benötigten **Menge** an Material. Sie müssen einen entsprechenden Verschnitt, Materialbruch o. Ä. noch als Reserve für spätere Reparaturen hinzurechnen. Normalerweise berechnet man einen Zuschlag von 5 bis 10 %. Dies sind jedoch nur Richtwerte, die je nach Grundriss, Verlegeweise, Art und Format des Materials erheblich differieren können.

***Profitipp***
Fertigen Sie in jedem Fall eine kleine Planskizze an, welche die Formen des Grundrisses darstellt und tragen sie die Maße ein. Unregelmäßige Flächenzerlegen sie zweckmäßigerweise in Rechtecke und Dreiecke.

***2*** Sinnvoll ist auch die Erstellung eines **Verlegeplans**. Dies gibt Ihnen zudem die Möglichkeit, Ihre Vorstellungen bildlich darzustellen. Auf Millimeterpapier zeichnen Sie zuerst maßstabgetreu die Originalmaße ein. Auf Transparentpapier skizzieren Sie im gleichen Maßstab das Verlegemuster. Durch Übereinanderlegen und Verschieben der Komponenten können Sie die zweckmäßigste Form herausfinden. Achten Sie besonders auf die Abschnitte an den Rändern, ob diese an anderen Stellen noch verarbeitet werden können oder Verschnitt sind. Ein Verlegeplan lohnt sich vor allem bei gleichmäßigen Formen (Quadrate usw.), weil Sie die benötigte Stückzahl abzählen können.

Bei **Bahnenware** lohnt dieser Aufwand kaum, da die Abschnitte in der nächsten Reihe sofort weiterverwendet werden. Bahnenware wird üblicherweise in Laufmetern abgegeben. Sie messen also die Länge der Laufrichtung in Metern und multiplizieren diese mit der Anzahl der benötigten Bahnenreihen. Da es keine viertel oder halben Bahnen gibt, runden Sie auf die nächste ganze Zahl auf.

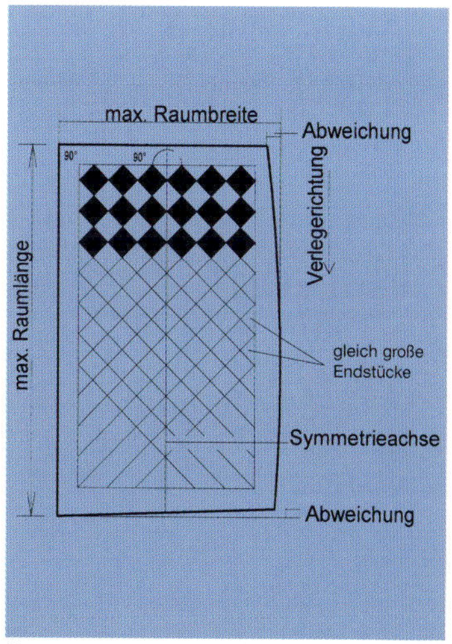


*2*

# Trennen von Naturstein

*1*

Das Zerschneiden oder Zersägen von Naturstein bezeichnet der Fachmann als Trennen. Dabei ist es unerheblich, ob Platten oder Blöcke getrennt werden. Für den Heimwerker kommen hauptsächlich nur mobile Trennmaschinen infrage, womit sich die Möglichkeiten auf das Bearbeiten hinsichtlich der Materialstärke und der Schnitttiefe einschränken.

### *1* Trennscheiben

Beim Trennen gibt es zwei Verfahren, den Nassschnitt und den Trockenschnitt. Für beide Schnittarten gibt es eigene Trennscheiben, die entsprechend gekennzeichnet sind. Dadurch können sie auch nur in eigens dafür konzipierten Maschinen verwendet werden.

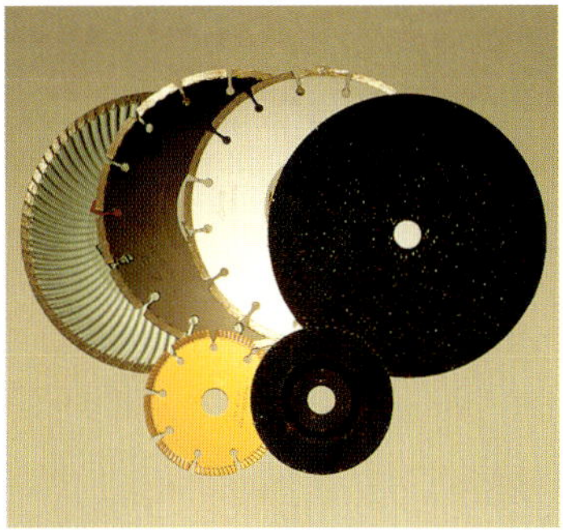

*2*

**Standmaschinen** kommen überwiegend im Nassschnitt und ausschließlich mit Diamanttrennscheiben zum Einsatz. Die Scheiben besitzen eine Bohrung von 30 mm (seltener 25,4 mm) und die Scheibendurchmesser erreichen Größen bis zu 400 mm. Entsprechend groß ist dann ihre Schnitttiefe. Dadurch sind sie vom Einsatz in herkömmlichen **Handmaschinen** ausgenommen.
Deren Trennscheiben weisen eine Bohrung von 22,24 mm auf, der maximale Scheibendurchmesser beträgt 230 mm und der Einsatzbereich ist der Trockenschnitt. Hier werden auch die kostengünstigen Siliciumcarbidscheiben mit kunstharzgebundenem Textilfaserkern verwendet. Ihr Nachteil ist die geringere Standfestigkeit, wodurch der Umfang der Scheiben und damit die Schnitttiefe schnell abnehmen.

*2* Bei den **diamantgesinterten Scheiben** gibt es ein fast unüberschaubares Angebot an Ausführungen mit geschlossenem oder unterschiedlich gezahntem Rand.

**Spezialscheiben** sind dabei auf einen bestimmten Einsatzbereich abgestimmt. Universalscheiben decken ein breites Spektrum von Anwendungsgebieten ab und sind oft ein guter Kompromiss im Preis-Leistungs-Verhältnis. Sie sollten in jedem Fall auch für harte, quarzhaltige Materialien geeignet sein. Der Preis wird durch die Qualität vorgegeben. Billigere Sorten liefern zwar insgesamt befriedigende Schnittergebnisse, verschleißen aber entsprechend schneller. Wer die Scheiben öfter einsetzen will, ist mit einer hochwertigeren und dafür teureren Bindung besser bedient. Die Güte hängt vor allem von der Diamantkonzentration des Belags ab.

Generell gilt: Je härter der Stein, desto weicher die Bindung. Im Zweifelsfall lassen Sie sich im Fachhandel beraten.

***Profitipp***
Stumpfe Diamantscheiben lassen sich meist wieder flottbekommen, wenn die laufende Schneide kurz durch einen Sandstein geführt wird. Oft sind die Diamantpartikel durch Materialabrieb und Überhitzung verklebt. Der Quarz im Sandstein reinigt die Scheibe von diesem Belag, greift die Bindung an und legt dadurch weitere Diamantpartikel frei.

**Maschinen zum Trennen**

*3* Der **Nassschnitt** wird mit einer speziell konstruierten Steintrennmaschine ausgeführt. Aus einer Wanne wird das Wasser über eine Tauchpumpe zur Kühlung an die Schnittstelle geleitet. Vermeiden Sie es tunlichst, solche Maschinen trocken laufen zu lassen, sie sind dafür nicht ausgelegt. Die Pumpe und vor allem die Trennscheibe werden Schaden nehmen. Der Vorteil einer Trennmaschine liegt in der stabilen Führung des Maschinenkopfs auf justierbaren Gleitschienen. Dies garantiert saubere und gerade Schnittführung. Durch eine eingebaute Kippvorrichtung lassen sich mit wenigen Handgriffen Gehrungsschnitte stufenlos bis 45° einstellen. Das Schnittgut liegt dabei fest auf dem Auflagetisch. Die Schnitttiefe lässt sich durch eine Höhenverstellung über ein Handrad exakt einstellen. Eine solche Maschine kann bei Händlern oder kommerziellen Verleihbetrieben geordert werden. Durch die Wasserkühlung besitzen sie in der Regel eine bessere Schnittgeschwindigkeit als Trockenmaschinen. Außerdem arbeiten sie staubfrei, was besonders bei quarzhaltigen Materialien zu berücksichtigen ist (Silikose).

*4* Die **Handhabung** einer Steinsäge unterscheidet sich vom Schneiden mit einer Holzkreissäge, vor allem die Schnittgeschwindigkeit ist natürlich erheblich geringer. Der Arbeiter zieht hier das »Sägeblatt« zum Stein hin und dieses greift von oben in das Material. Dadurch tendiert die Scheibe zum Hochsteigen, wenn zu viel Druck ausgeübt wird. Wichtig ist ein gleichmäßiger leichter Zug.

Für den Ungeübten ist es oft leichter, durch mehrfache, stets tiefer greifende Schnitte den Stein zu trennen. Achten Sie beim Verarbeiten des abgeschnittenen Werkstücks auf die richtige Seite. Da der Stein jetzt nass ist und beide Seiten glänzen, ist es sehr schwierig, die Oberseite auf Anhieb von der oft ebenfalls glatten Unterseite zu unterscheiden. Sicherheitshalber sollten Sie deshalb vor dem Bearbeiten eine Seite mit einem Fettstift markieren.

*3*

*4*

**5** Steht keine spezielle Steintrennmaschine zur Verfügung, können Sie mit einem gängigen **Winkel-**

**schleifer** und den entsprechenden Trennscheiben ebenfalls ausgezeichnete Ergebnisse erzielen.

### Tipps für den sicheren und fachmännischen Umgang mit dem Winkelschleifer

Zu beachten ist, dass die Handhabung des Winkelschleifers bei der Steinbearbeitung sich grundlegend von der sonst üblichen, beispielsweise bei der Metallbearbeitung, unterscheidet.

- Für die Steinbearbeitung wird der Winkelschleifer so eingerichtet, dass die Trennscheibe nach rechts zeigt, wenn Sie das Gerät in beiden Händen halten. Dazu muss gegebenenfalls der Handgriff andersseitig angebracht werden. Ebenso ist der Metallschutz so zu justieren, dass er sich in der Waagrechten zum Gehäuse befindet. Durch diese Maßnahmen werden Schleifstaub und größere Partikel vom Körper weggeführt.
- Beim Schnitt ziehen Sie die Maschine stets zum Körper hin. Sorgen Sie dabei stets für einen sicheren Stand und halten Sie den Winkelschleifer mit beiden Händen fest.
- Vermeiden Sie unbedingt das Verkanten der Trennscheibe, besonders beim Herausziehen oder Wiedereinführen der laufenden Scheibe in einen vorhandenen Schnitt.
- Stellen Sie sicher, dass die Trennscheibe niemals durch zwei eben getrennte Teile eingeklemmt wird: Das zu trennende Werkstück darf nicht »hohl liegen«. Durch eine geeignete Unterlage fallen die einzelnen Teile im Augenblick ihrer Trennung auseinander.

Für den **Nassschnitt** mit konventionellen Handwinkelschleifern müssen Sie entsprechende Vorkehrungen treffen. Dazu zählt die

***Profitipp***

Markieren Sie den benötigten Abschnitt sofort beim Anreißen mit einem Kreuz oder Kreis. Gerade bei nahezu gleich großen Teilstücken wissen Sie nach wenigen Augenblicken nicht mehr, welches von beiden Sie nachher brauchen. Der Einschnitt muss nämlich immer auf dem abfallenden Teil erfolgen. Ansonsten verkürzt sich Ihr Werkstück um die Schnittbreite der Trennscheibe.

5

Zwischenschaltung eines so genannten Trenntrafos. Vereinfacht ausgedrückt enthält dieser im Innern zwei getrennte Wicklungen, wodurch eine unmittelbare elektrische Verbindung zwischen Maschine und Stromnetz ausgeschlossen ist. Somit besteht keine Gefahr eines elektrischen Stromschlags.

Für lange und gerade Schnitte kommt nur eine große Ausführung mit einem Scheibendurchmesser von 230 mm infrage.

Als Nächstes müssen Sie das Werkstück ausreichend gegen Verrutschen sichern. Ansonsten besteht die Gefahr, dass sich die Trennscheibe in der Schnittfuge verklemmt. Dies führt meist zu ausgebrochenen Kanten. Als Unterlage dient eine Holzbohle oder ein transportabler Arbeitstisch.

***6*** Führen Sie die eingeschaltete Maschine mit beiden Händen **rechtwinklig** an die Kante des Werkstücks heran und setzen Sie die Trennscheibe an die richtige Seite neben den Riss. Schräg angesetzte Schnitte können Sie während des Trennvorgangs nicht mehr korrigieren.

***Profitipp***

Für den Schnitt bei Kalkstein und Marmor hat sich auch im professionellen Einsatz gezeigt, dass die besten Schnittergebnisse nach wie vor mit den preisgünstigen Siliciumcarbitscheiben erzielt werden. Das verhältnismäßig weiche und glatte Material erlaubt präzise Schnitte mit makellosen Schnittkanten. Lediglich starke Konzentrationen von Kohlenstoff oder eisenhaltigen Einschlüssen im Kalkstein (Jura) können Probleme bereiten. Lassen Sie die Trennscheibe immer von selbst in das Material eindringen.

Nutzen Sie dabei den ganzen Scheibendurchmesser aus. Je tiefer die Scheibe in das Material eindringen kann, umso stabiler ist die Führung der Maschine.

Bei grobkörnigen oder stark kristallinen Steinen ist diese Stelle oft problematisch. Vor allem gezahnte Scheiben neigen stark zum Herausreißen von. Kristallstücken an den Ecken und Kanten der Einschnittstelle. Hier sollten Sie vielleicht besser auf Scheiben mit geschlossenem Rand zurückgreifen bzw. einen kleinen Einschnitt damit durchführen, um die Ecken zu entlasten.

***7*** Ziehen Sie die Maschine stets zum Körper. Führen Sie das Blatt neben dem Riss (bleibt sichtbar) unter mäßigem Druck und ohne zu verkanten.

***8*** Stellen Sie sich stets so zum Werkstück, dass kein Körperteil (Rumpf, Beine) in der Schnittlinie liegt. Idealerweise postieren Sie sich parallel zur Schnittrichtung.

Um beim Durchschneiden am anderen Ende des Werkstücks ein Ausbrechen des Materials zu verhindern, müssen Sie u. U. an dieser Stelle einen kurzen Gegenschnitt anbringen.

***6***

***7***

***8***

# Bearbeiten von Sichtkanten

*1*

Nach dem Trennen von Natursteinplatten müssen die sichtbar bleibenden Bereiche der Schnittstellen nachgearbeitet werden, um sie der Oberfläche anzupassen. In der grauen Schnittfläche kommen nämlich Farbe, Musterung sowie weitere typische Eigenschaften des Steins nicht zur Geltung.

***1*** Die einfachste Art ist das **Abziehen** der beiden Schnittkanten mit einem feinen Schleifstein aus Korund. Dadurch wird der messerscharfe Grat gebrochen und kleine Splitter abgenommen und in erster Linie die Gefahr von Schnittverletzungen gebannt. Diese Methode genügt, wenn der Stein mit der Oberfläche bündig versenkt wird, z. B. in einem Plattenverbund, sodass die Schnittfläche komplett abgedeckt ist.

*2*

***2*** Für optische, aber auch technische Zwecke (Kantenschutz) lassen sich diese »Ränder« zu Profilen ausarbeiten.

Wird die oben beschriebene Form des Kantenziehens fortgesetzt, erhalten Sie eine **Fase**. Je nach Tiefe der Ausarbeitung wird die Fase unterschiedlich breit. Im Regelfall sollte sie 2 bis 3 mm betragen.

Auch Ecken werden gefast. Den Einsatz von Maschinen sollten Sie nur bei Hartgesteinen in Betracht ziehen. Der Ungeübte schleift anfangs leicht Dellen in den Stein, besonders bei weichen Sorten.

***3*** Die Kanten können auch **abgerundet** werden. Der Fachmann spricht dann von Rundstäben. Wird die Rundung im Winkel von 90° ausgeführt, heißt das Profil **Viertelstab.** Einen **Halbstab** erhalten Sie bei Ausführung der Rundung um 180°. Das Anarbeiten von Stäben ist nicht schwierig, verlangt jedoch sorgfältiges Vorgehen, wenn Sie gute Ergebnisse erzielen wollen. Bei Sichtkanten hat sich eine Plattendicke von 3 cm bewährt. Schon bei etwa 2 cm wirkt das Werkstück zu »mager«; je dicker die Platten, umso schwieriger sind die Profile zu erstellen.

***4*** Als Erstes müssen Sie das **Profil** aufreißen und zwar die Ansicht auf der Kopfseite und entlang der Profilkante die Bruchlinie. Eine Profilschablone ist zum laufenden Überprüfen der Arbeit unumgänglich. Sie kann entweder aus steifem Kunststoff oder aus Aluminium gefertigt werden.

*3*

*4*

*5*

*6*

**5** Mit dem Handwinkelschleifer werden zunächst durchgehende Fasen hergestellt. Bei kleineren Profilen genügt hier auch der Einsatz von Schruppscheiben oder Schleiftöpfen.
Mit ausreichend vielen, immer feineren Schrägen arbeiten sie systematisch die Rundung heraus.

**6** Für Winkelschleifer gibt es silikatgebundene **Schruppscheiben** oder **Lamellenscheiben** bis Korn 120. Beginnen Sie mit rauen Körnungen (40er) und verfeinern Sie diese schrittweise je nach Bedarf. Sie müssen in jedem Fall alle Unebenheiten wegschleifen.

Das fertige Profil werden Sie aber nur in Ausnahmefällen in geschliffenem Zustand lassen. Besonders wenn die Oberflächen des Steines poliert sind – und das ist der Regelfall –, sollten auch die Seitenkanten poliert werden.

**Polieren** ist im Grunde nichts anderes, als die Flächen mit immer feineren Mitteln (von ca. 280er bis 600er und darüber) zu »schleifen«. Dabei gilt: Je dichter und härter das Gestein, umso polierfähiger ist es.

Im Steingewerbe dienen verschiedene Pulver als Poliermittel, die allerdings meist nass verarbeitet werden müssen. Dasselbe gilt für Poliersteine, bei denen die Pulver lediglich mit Kunstharzen gebunden sind. Die Nasspolitur mit Maschineneinsatz ist nur unter Einhaltung entsprechender Sicherheitsvorkehrungen möglich. Dazu zählt etwa die Verwendung eines Trenntrafos. Für die Politur der relativ schmalen Schnittkanten eignen sich aber auch Trockenschleifscheiben aus Papier.

**Schleifscheiben** werden mit speziellen Schleiftellern und selbsthaftenden Wechselscheiben in allen gängigen Körnungen angeboten.

***Profitipp***

Vorsicht bei Klettverbindungen. Bei zu langen Polierzeiten entsteht hohe Wärme, wodurch die Kunststoffkrallen am Schleifteller verschmoren können. Deshalb regelmäßige Pausen bei laufender Maschine zur Kühlung des Tellers einlegen.

Leider sind die selbsthaftenden Scheiben für den Einsatz im Winkelschleifer wegen der hohen Umdrehungszahlen dieser Maschinen nicht geeignet.

***7*** Die beste Lösung ist eine langsam laufende, eigens für diese Zwecke entwickelte **Poliermaschine**, die Sie auch ausleihen können. Eine Alternative bilden Handbohrmaschinen mit elektronischer Drehzahlregulierung. Mit einem zusätzlichen Handgriff lassen sich die Maschinen noch ausreichend gut handhaben.

***8–9*** Die **Vorgehensweise** ist beim Polieren die gleiche wie beim Schleifen. Wegen der immer feiner werdenden Körnungen müssen sie u. U. die Schleifkörper öfter wechseln. Außerdem sollten Sie die Arbeitsflächen regelmäßig mit einem feuchten Tuch vom anfallenden Staub reinigen. Arbeiten Sie immer mit gleichmäßig leichtem Anpressdruck. Führen Sie die Maschine immer in einem Zug von einer Seite zur gegenüberliegenden. Vermeiden Sie es, an einzelnen Stellen zu verweilen, da dies zu Unterschieden im Glanz führt.

*7*

*8*

*9*

# Bohren in Stein

Das Bohren in Naturstein ist mit dem in Beton zu vergleichen. Grundsätzlich eignen sich herkömmliche **Steinbohrer** mit eingelöteter Hartmetallspitze und eine normale Handbohrmaschine. Vor allem stark poröses Gestein wie beispielsweise »Botticino«, aber auch viele andere Kalksteine können durch die Erschütterung des Schlagwerks brechen.

Als **Faustregel** gilt: Je größer der Bohrer und je dünner und kleiner das Werkstück, umso früher sollten Sie das Schlagwerk ausschalten. Das gilt insbesondere beim Bohren in der Nähe von Ecken und Kanten.

***Profitipp***
Entscheidend für die Schnittleistung ist ausschließlich die Schneide des Bohrkopfs. Benutzen Sie nur exakt geschliffene Bohrer und überprüfen Sie regelmäßig die Spitzen, um unsaubere Bohrlöcher zu vermeiden. Ausgebrochene Bohrer müssen sofort ersetzt werden. Je nach Material kann es sein, dass Bohrer bereits nach wenigen Löchern stumpf sind und nachgeschliffen werden müssen.

Das Bohren ohne Schlagwerk gleicht dann eher einem Fräsen bei mäßigen Umdrehungen. Diese Vorgehensweise erfordert Geduld und braucht erheblich mehr Zeit als das Schlagbohren.

Üben Sie beim Bohren nicht zu viel Druck aus, um ein Überhitzen und Ausbrennen der Schneide zu verhindern. Nehmen Sie den Bohrer zur Kühlung bei laufender Maschine gelegentlich aus dem Bohrloch. Gegebenenfalls müssen Sie sogar mehrere Bohrer abwechselnd verwenden.

Auf keinen Fall dürfen Sie den heißen Bohrkopf in Wasser tauchen. Durch die schockartige Abkühlung kommt es zu Spannungsrissen in der Verlötung.

Bei Sichtlöchern, die kreisrund und ohne Ausbrüche an den Kanten sein müssen, ist der Einsatz von speziellen Bohrkronen mit Diamanteinlagen im Nassbetrieb notwendig.

***1–2*** Sie sind als **Sacklochbohrer** und bei größeren Durchmessern als Kernbohrer erhältlich. Letzterer liefert einen zylinderförmigen Steinkern beim Ausbohren.

*1*

*2*

Um ein sauberes Bohren zu gewährleisten, sind spezielle Bohrständer mit Saugnäpfen zu benutzen. Damit sind Sie sehr flexibel im Einsatz sowohl an senkrechten als auch an waagrechten Bauteilen. Die Ausrüstung sollte im Set ausgeliehen werden, damit die Übergänge und Verbindungsteile zusammenpassen.

# *Löcher und Durchbrüche einarbeiten*

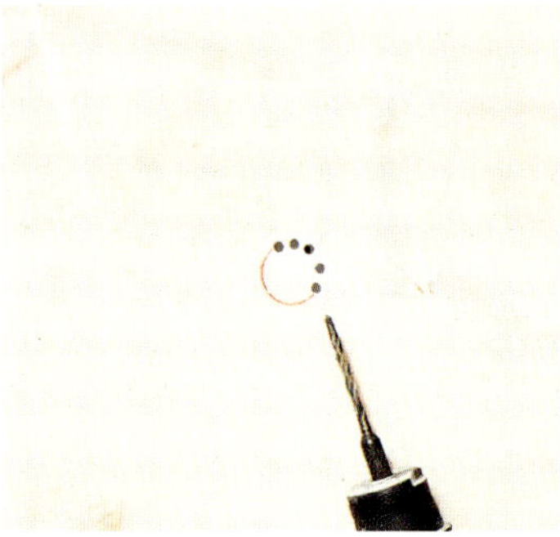

*1*

*2*

*3*

An dieser Stelle wird das Herstellen größere Löcher gezeigt, also solcher, die nicht in einem einzigen Arbeitsgang zu erstellen sind. Sie können auf diese Art Durchbrüche bis zu beliebiger Größe und Form erstellen, ohne auf Spezialwerkzeuge wie etwa eine Steinstichsäge zurückgreifen zu müssen.

***1*** Eine Möglichkeit stellt das **Ausbohren** der Lochkontur mit einem einfachen hartmetallbestückten Spiralbohrer dar. Bei Benutzung einer Schlagbohrmaschine sind die Vorgehensweisen und die Risiken im vorangegangenen Kapitel zu beachten.
Das Problem der Materialerschütterung und Zerstörung des Steingefüges können Sie relativ leicht umgehen, indem Sie Kronenbohrer benutzen. Die Nachteile sind jedoch die relativ langen Bohrzeiten und nicht zuletzt der notwendige Einsatz von Wasser mit all seinen Folgen.

Deshalb hat sich auch bei den Profis eine andere Technik immer mehr durchgesetzt, nämlich das **Ausschneiden** anstelle des Ausbohrens.

Als Werkzeuge dienen ganz normale Winkelschleifer, wobei es von Vorteil ist, wenn zumindest zwei Größen eingesetzt werden können. Mit Scheibendurchmessern von 115 mm für kleine Durchbrüche bzw. 230 mm für große Einschnitte sind Sie den meisten Anforderungen gewachsen.

Die Arbeit beginnt mit dem Aufreißen des Durchbruchs. In unserem Fall handelt es sich um eine Steckdose.

***2*** Zuerst übertragen Sie die Maße der Wanddose durch Verlängern der Ränder nach oben und zur Seite. Benutzen Sie dazu eine Wasserwaage und ziehen Sie die waagrechten und senkrechten Linien weit genug aus.

***3*** Dann legen Sie eine Platte über die Dose, und zwar exakt an die Stelle, die sie nachher einnehmen soll. Berücksichtigen Sie den Fugenabstand.

Jetzt können Sie die Markierungen über und neben der Platte übernehmen. Ein Strich genügt dazu.

4

5

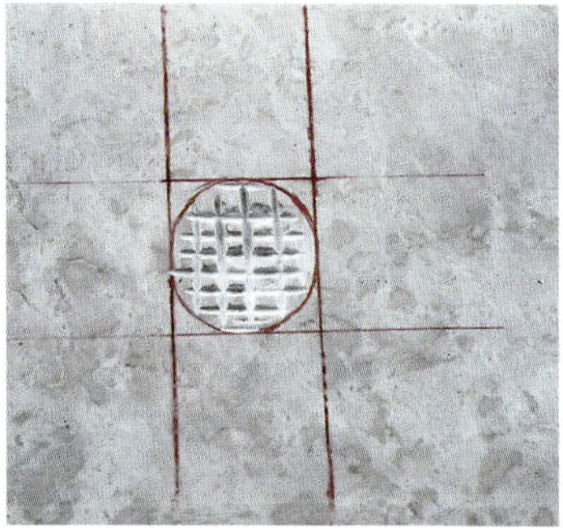

6

**4** Mit einem Anschlagwinkel verlängern Sie diese Punkte zu einem Riss. Das erstellte Rechteck zeigt die genaue Position der Wanddose auf dieser Platte. Zeichnen Sie die Rundungen oben und unten ein. Sie können dafür eine zusätzliche Dose als Anschlag verwenden.

Übertragen Sie den Aufriss auch auf die Rückseite des Werkstücks.

***Profitipp***
Schneiden Sie nicht einfach das Rechteck aus, auch wenn es die einfachere Arbeit ist. Sie laufen sonst Gefahr, dass später die abgerundeten Abdeckrahmen diese Ecken nicht schließen können.

Ziehen Sie dazu die Linien von vorne über die Kanten nach hinten. Der Rest ist genauso wie auf der Sichtseite zu bewerkstelligen.

**5** Zum Schneiden müssen Sie das Werkstück sicher gegen das Verrutschen einspannen. Am besten legen Sie zwei Hölzer so unter den Stein, dass die Trennscheibe beim Austreten auf der Gegenseite frei laufen kann.

**6** Führen Sie die Trennscheibe bei laufender Maschine vorsichtig an den Riss (Strich bleibt außen) und lassen Sie diese von selbst in den Stein schneiden. Wichtig ist, dass Sie weder vorne noch hinten über die eingezeichneten Begrenzungen hinausschneiden. Zweckmäßigerweise schneiden Sie zuerst ein kleineres Rechteck ohne die Halbkreise aus.

**7** Sind auf der Vorderseite alle Schnitte getätigt, drehen Sie die Platte um. Sie sehen jetzt, dass die Schnittlänge hier kürzer ist. Je größer der gewählte Scheibendurchmesser, umso kürzer der rückwärtige Schnitt. Im Extremfall und mit steigender Plattendicke kommen Sie durch das Material gar nicht durch. Deshalb müssen Sie von der Rückseite her einen Gegenschnitt ausführen, der hinten über den Riss führt.

**8** Allerdings nur so weit, dass die eingedrungene Trennscheibe auf der Sichtseite innerhalb der Rissgrenzen bleibt. Diese Technik verlangt etwas Gefühl und Geduld

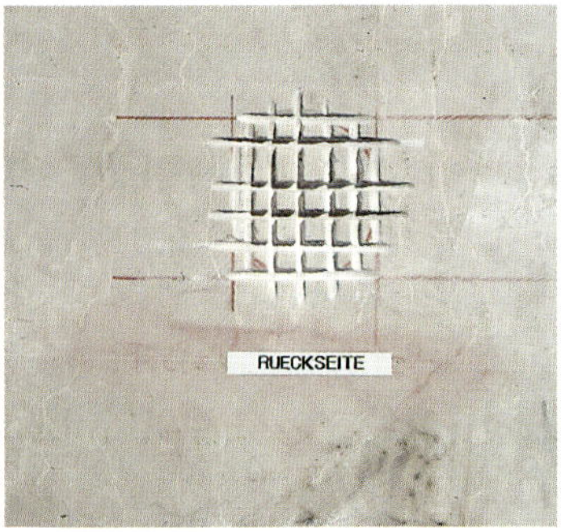

7

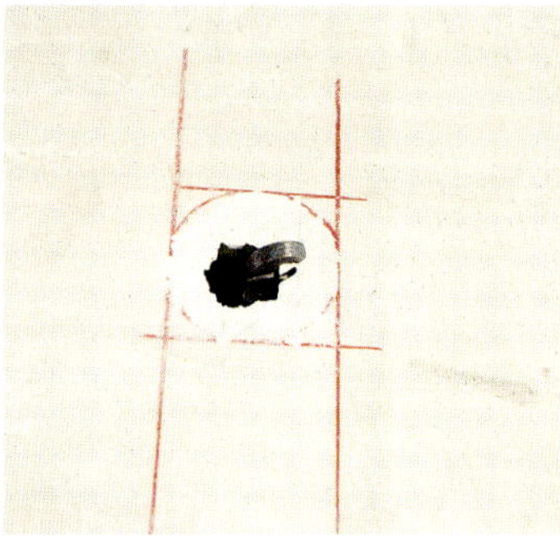
8

9

und der Anfänger ist gut beraten, wenn er seine Arbeit zwischendurch immer wieder regelmäßig kontrolliert.

**9** Nachdem Sie auf der Rückseite genügend Einschnitte angebracht haben, können Sie die Rundung vorsichtig mit einer Zange freibrechen.

**10** Durch Anhalten des Werkstücks an seinen späteren Platz können Sie die Passgenauigkeit Ihrer Arbeit überprüfen.

Die Ausschnitte dürfen nicht zu klein sein, denn das Nacharbeiten an einer fest versetzten Platte ist ungleich schwieriger und könnte die Platte lösen oder sogar zerstören.

**11** Auf die gleiche Weise lassen sich auch andere Durchbrüche für Leitungen, Wasser- oder Abflussrohre erstellen. Es ist dabei immer zu berücksichtigen, dass die Ränder mit Blenden, Deckeln, Rahmen usw. abzudecken sind. Deren Größe und Form sollte bekannt sein. Unter Umständen ist es sinnvoll, sie beim Aufriss zur Kontrolle der Schnittkanten aufzulegen.

Zu groß geratene Durchbrüche können nicht mehr repariert werden und vernichten dann die ganze Arbeit. Dagegen sollten sie auch nicht zu klein sein, um die nachfolgenden Arbeiten nicht zu behindern. Leerdosen für die Elektroinstallation müssen bis zur Sichtkante der Natursteinverkleidung verlängert werden.

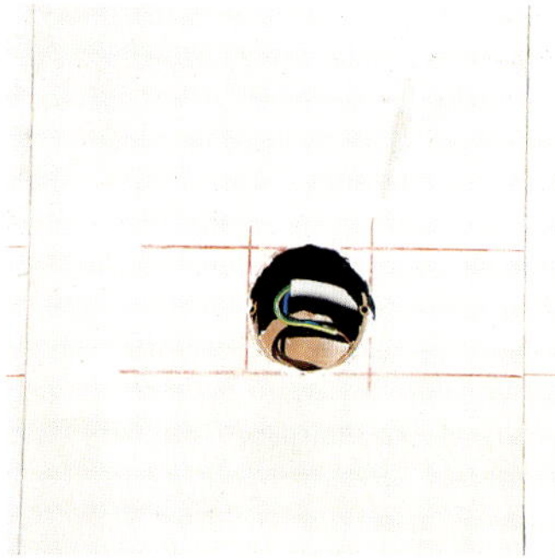
10

11

# Bearbeiten von Flächen

Das Gestalten der Oberflächen zählt mit zu den wichtigsten Bereichen in der Steinbearbeitung. Dabei werden auch dem Steinmetzen viele arbeitsintensive Tätigkeiten wie das Schleifen und Polieren großer Flächen von der Industrie abgenommen. Nahezu alle Werksteine werden deshalb als polierte Platten oder Tranchen im Handel angeboten. Es ist nämlich sehr schwierig, auf einer rauen Fläche von Hand eine einwandfreie Politur ohne Schlieren und Dellen aufzubauen. Dagegen lassen sich bereits **polierte Flächen**, die aber durch Gebrauch stumpf und zerkratzt wurden, mit geeigneten Mitteln wieder auf Hochglanz bringen.

***1–2*** Sie verwenden dazu am besten spezielle, fertige Polierpasten in verschiedenen Körnungen sowie einen langsam drehenden Handpolierer mit mehreren Polierfilzen. Für jede Pastenkörnung benötigen Sie eine eigene Filzscheibe. Je nach Grad der Abnutzung beginnen Sie mit dem rauen Poliermittel und wechseln dann zur feineren Körnung. Geben Sie immer wieder Wasser zu, um ein Verklumpen der Paste zu verhindern. Waschen Sie das verbrauchte Mittel gelegentlich ab und geben Sie frisches nach. Üben Sie nur mäßigen, aber gleich bleibenden Druck auf die Maschine aus.

***Profitipp***
Bearbeiten Sie den Stein bei jedem Durchgang vollflächig, um eine einheitliche Politur zu erhalten. Wollen Sie zwischendurch das Ergebnis Ihrer Arbeit überprüfen, müssen Sie zuvor die Fläche trocknen, z. B. mit einem Heißluftfön. Nasser Stein wirkt auch an stumpfen Stellen immer wie poliert.

***3–5*** Eine sehr schöne Flächenbearbeitung, die sich vor allem für massive Werkstücke wie Säulen, Einfassungen, Gewände eignet, ist das **Spitzen**. Es kann bei Weich- und Hartgestein angewendet werden. Sie benötigen dazu einen Spitzmeißel und einen Fäustel.

Setzen Sie das Spitzeisen in einem Winkel von ca. 65° auf die Fläche. Mit ein bis zwei Hammerschlägen lassen Sie ein Stück aus dem Stein abplatzen.
Dann setzen Sie das Eisen neu an und arbeiten sich auf diese Weise über die Fläche.

*1*

*2*

*3*

4

5

Die Spitzhiebe müssen beim groben Spitzen nicht regelmäßig und auch nicht gleich tief ausfallen.

Die Oberfläche sollte nach Fertigstellung jedoch eben sein und an allen Stellen Spuren des Spitzens aufweisen. Das Spitzen eignet sich vor allem zum Einrichten krummer oder windschiefer Flächen.

Zwei gleich große Richtscheite helfen bei der Kontrolle. Dabei sollten Sie mit dem vorderen Scheit immer von einer festen Bezugsebene aus die Flucht des hinteren überprüfen.

***6–8*** Eine weitere Form der Flächenbearbeitung für Weich- und Hartgestein ist das **Stocken**. Hier kommen spezielle Stockhämmer mit gezahnten Hammerbahnen zum Einsatz, die plan auf die zu bearbeitende Fläche geschlagen werden. Dabei gilt es, eine homogene Oberfläche zu gestalten, die überall gleichmäßig strukturiert ist. Die Technik klingt recht simpel.

Die Kunst dabei aber ist, den Hammer beim Auftreffen nicht zu verkanten, was zu Dellen und ungleichmäßigen Flächen führt.

Legen Sie das Werkstück auf eine stabile Unterlage, und zwar mit der Arbeitsfläche etwa auf Höhe Ihrer Oberschenkel. Fassen Sie den Stiel des Stockhammers ungefähr in der Mitte mit beiden Händen und ausgestreckten Armen. Gehen Sie mit leicht gespreizten Beinen so weit in die Hocke, dass der

6

7

8

Stiel bei aufliegendem Hammer waagrecht zur Unterlage ist. Sie ziehen dann mit **ausgestreckten** Armen den Hammer senkrecht über den Kopf und lassen ihn durch das Eigengewicht nach unten sausen.

Beim Aufprall federt der Hammer wieder zurück. Nehmen Sie diesen Rückschwung auf, wenn Sie Ihr Arbeitsgerät wieder hochheben. Dadurch entsteht ein flüssiger Arbeitsrhythmus, der sehr kraftschonend ist.

Versuchen Sie, jeden Schlag sauber neben den vorherigen zu setzen. Schlagen Sie nicht unkontrolliert irgendwo auf dem Stein herum. Arbeiten Sie sich systematisch von einer Seite zur nächsten und von unten nach oben oder umgekehrt.

***9–11*** Das ***Zahnen*** ist eine Technik, die dem Spitzen verwandt ist. Es wird jedoch überwiegend bei Weichgestein eingesetzt.

Als Werkzeuge dienen ein Klüpfel und ein Zahneisen von unterschiedlicher Breite und Zahnweite, die je nach Ausarbeitungsgrad grobe bis sehr feine Oberflächen ergeben. Das Zahneisen wird wie das Spitzeisen gehandhabt. Beim Schlagen mit dem Holzklüpfel sollten Sie diesen in der Hand immer um ein Stück weiterdrehen, damit er gleichmäßig an allen Stellen getroffen wird. Das verschafft ihm eine längere Haltbarkeit und er splittert nicht so leicht aus. Beim Einsatz von breiten und feinen Zahneisen können Sie in unterschiedliche Richtungen arbeiten. Dadurch sind die Zahnspuren im Stein als »Strichmuster« erkennbar.

***12–14*** Das **Scharrieren** ist eine traditionelle Technik in der Steinbearbeitung, die hauptsächlich bei Kalk- und Sandsteinen angewendet wird. Das Scharriereisen erkennt man sofort an der enormen Breite seiner Schneide von 6 cm und mehr. Als Schlagwerkzeug dient ein Holz- oder Nylonklüpfel.

Ursprünglich zum Glätten, z. B. gezahnter Flächen, entwickelt, benutzt man das Scharriereisen auch für die Oberflächengestaltung. Die dabei zu bearbeitende Steinoberfläche sollte immer plan sein.

Das gängige Scharriermuster ähnelt einem feinen Streifenornament oder dünn gezahnter Well-

***9***

***10***

***11***

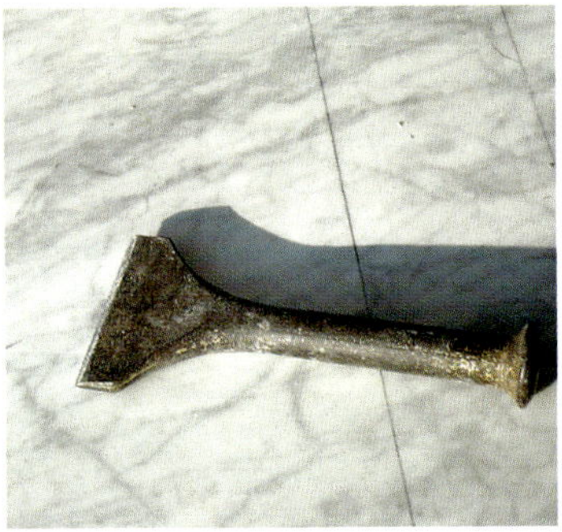

12

13

14

pappe. Entsprechend nennt man es in Rille scharriert, weil die Erhebungen und Vertiefungen in einer Linie (Rille) durchlaufen. Flächen werden üblicherweise schräg scharriert in einem Winkel von 30 bis 40°.

Beginnen Sie so, dass Sie von oben nach unten beziehungsweise rückwärts arbeiten. Setzen Sie das Scharriereisen mit der vollen Bahn auf das Werkstück. Der Anstellwinkel sollte nicht zu flach sein (ca. 70°).

Mit einem kurzen, aber kräftigen Schlag brechen Sie an der Schneide eine Rille aus. Ziehen sie diese bis zum Ende des Werkstücks durch, bevor Sie einen neuen **Hieb** (neue Rille) beginnen.

Die Scharrierbreite sollte etwa 4 bis 5 mm betragen. Halten Sie grundsätzlich die begonnene Arbeitsrichtung ein, entweder von links nach rechts oder umgekehrt.

Bei großen Flächen sollten Sie mit einer Richtlatte Ihre Rillen regelmäßig überprüfen, ob diese auch schnurgerade verlaufen.

Eine Variante bildet das **bunt Scharrieren**, bei dem die Hiebe kreuz und quer gesetzt werden. Doch Vorsicht! Bunt heißt nicht, dass Sie wild und planlos auf dem Material herumhacken sollten. Die unterschiedlichen Hiebe sollten sich im Gesamtbild zu einem harmonischen Muster formen. Eine vorher angefertigte Skizze ist dabei sehr hilfreich.

Seit der Antike bilden das Spitzen, Zahnen bzw. Stocken, Scharrieren, Schleifen und Polieren die aufeinander folgenden Arbeitsgänge in der handwerklichen Steinbearbeitung.

***Sicherheitstipp***
Schützen Sie bei all diesen Arbeitstechniken Ihre Augen mit einer geeigneten Sicherheitsbrille. Abplatzende Gesteinspartikel fliegen unkontrollierbar wie Geschosse in alle Richtungen. Aber auch aus den Werkzeugen können Metallteile absplittern und schwere Verletzungen hervorrufen. Beschädigte Werkzeuge müssen sofort ausgetauscht werden, zumal auch die Arbeitsqualität leidet.

# *Anmischen von Mörtel*

Beim Verlegen von Naturstein im Mörtelbett benötigen Sie einen speziellen Mörtelaufbau, bestehend aus einer erdfeuchten Trockenmischung und einem gewöhnlichen, pastosen Mörtel.

***1*** Als Werkzeug zum **Anmischen** setzen sich immer mehr die Handrührgeräte, vor allem beim Verarbeiten von fertig abgepackten Mörteln, durch. Zum Anmischen größerer Mengen empfiehlt sich nach wie vor ein Betonmischer, meist als Mischmaschine bezeichnet, den man auch ausleihen kann. Wollen Sie selber mischen, benötigen Sie als Zuschlagstoff rundkörnigen Sand bis 4 mm Korngröße. Als Bindemittel sollten Sie ausschließlich Trasszement benutzen.

Das **Mischungsverhältnis** beträgt bei dieser Zusammensetzung 3 : 1, d. h. drei Teile Sand und ein Teil Zement.

Das trockene Mischgut nennt man auch lose Menge. Beachten Sie bei Ihren Bedarfsberechnungen, dass diese lose Menge bei Zugabe des Anmachwassers auf rund 80 % Mörtelausbeute zusammenschrumpft.

Wichtig ist, dass Sie den Mörtel ausreichend lange durchmischen, damit sich alle Bestandteile gleichmäßig verteilen. Zweckmäßig ist es dabei, zuerst das Wasser ins Mischgefäß zu geben.

Fertig angemischter Zementmörtel ist etwa eine Stunde verarbeitbar. Allerdings neigt der Mörtel in dieser Zeit dazu, sich selbstständig wieder zu entmischen. Sie erkennen dies daran, dass sich auf der Oberfläche allmählich ein Wasserfilm bildet, der auch den Zementanteil mit nach oben zieht. Am Boden Ihres Anmachgefäßes finden Sie den losen Sand und die größten Körner.

Für den Aufbau einer Trockenmischung benötigen Sie zwei Grundmörtel, die Sie in getrennten Gefäßen anrühren. Bezüglich ihrer Zusammensetzung unterscheiden sie sich nur im Wasseranteil.

Der Basismörtel ist dabei relativ trocken zu halten, man sagt auch »erdfeucht«. Sie erreichen dies, indem Sie Wasser immer nur in kleinen Mengen zugeben. Die zweite Lage, die den Grundmörtel mit der Platte »verklebt«, ist dagegen weich und plastisch.

*1*

*2*

**2** Als Anhaltspunkt können Sie die **Faustprobe** heranziehen. Dabei gilt ein in der Faust geformter Mörtelball, der nach dem Öffnen gerade nicht zerbricht, als guter Richtwert für die trockene Form. Der pastose Mörtel ist dagegen zu weich, um sich formen zu lassen.

# Dichtungs- und Anschlussfugen

Dichtungs- und Anschlussfugen sind nicht starr und müssen deshalb mit einem elastischen Fugenmaterial gefüllt werden. Aus diesem Grund werden sie auch als **Bewegungsfugen** bezeichnet. Sie können somit Formveränderungen im Material oder Erschütterungen im Untergrund leichter ausgleichen. **Formveränderungen** von Bauteilen können verschiedene Ursachen haben:

- **Setzen von Gebäuden oder Gebäudeteilen**.

Jedes Gebäude setzt sich im Laufe der Jahre mehr oder weniger stark in den Baugrund. Zug- und Spannungsrisse treten vor allem dann auf, wenn infolge wechselnder Untergrundeigenschaften ein ungleichmäßiges Setzen eintritt.

- **Temperaturschwankungen**

Durch Erwärmen dehnen sich Bauteile aus, durch Abkühlen verkürzen sie sich. Allerdings ist das Ausmaß der Reaktion bei den verschiedenen Baumaterialien sehr unterschiedlich. Auch Naturstein reagiert auf die Einwirkung von Wärme. In extremen Fällen kann es sogar zu Plattenverformungen kommen, etwa bei starker Sonneneinstrahlung, ungleichen Belastungen wie z. B. starke Erwärmung an der Vorderseite, kühle Durchfeuchtung an der Rückseite. Diese Probleme treten besonders bei älteren Bauwerken auf, die zum Schutz vor Umwelteinflüssen mit Naturstein bekleidet werden, wenngleich die Verformungen Jahre dauern.

- **Trockenschwund**

Dieser tritt beim Austrocknen frischer Bauteile wie Beton oder Zementestrich auf. Das Schwinden ist eine Begleiterscheinung des Aushärtungsprozesses, wobei überschüssiges Anmachwasser abgegeben wird.

**Fugenarten**

- **Anschluss- und Randfugen** sind Fugen zwischen angrenzenden Bauteilen, z. B. Wand zu Zimmerdecke bzw. Wand zu Fußboden. Aber auch das Zusammentreffen unterschiedlicher Materialien wie Stein zu Holz o. Ä. müssen besonders behandelt werden. Die Fugenbreite sollte bei Naturstein 5 mm nicht unterschreiten.

- **Dehnungsfugen** unterteilen größere Flächen, um die auftretenden Spannungen aufzunehmen. Bei Bodenflächen sollten etwa nach 6 m Dehnungsfugen eingebaut werden, an Wänden nach 8 bis 10 m. Grundsätzlich müssen beim Verlegen von Naturstein die vorgegebenen Dehnungsfugen an diesen Stellen in der Steinfläche übernommen werden. Dehnungsfugen sollten 10 mm betragen, um die auftretenden Spannungen überbrücken zu können.

Das elastische **Fugenmaterial** wird als plastischer Kunststoff in Kartuschen angeboten und mit einer speziellen Ausdrückpistole in die Fugen gespritzt.

***Profitipp***
Achten Sie beim Kauf auf die Verträglichkeit der Inhalte zu Naturstein. Besonders Kalksteine oder Marmor neigen mehr oder weniger stark dazu, farbliche Substanzen in die Poren an den Rändern zu ziehen, wodurch diese verfärbt und wie zerfranst aussehen. Beachten Sie, dass handelsübliches Silikon an Naturstein so genannte Fettränder verursacht, die nicht mehr zu beseitigen sind. Kaufen Sie deshalb stets nur Produkte, die ausdrücklich für Naturstein geeignet sind.

Bei **Anschlussfugen**, die direkt mit einer Mauer in Berührung kommen, sollten Sie Produkte auf der Basis von Acryl oder synthetischem Kautschuk verwenden. Nur diese lassen sich später bei Malerarbeiten mit Farbe überstreichen.

Bei der praktischen Verarbeitung dauerelastischer Stoffe sind einige grundsätzliche Punkte zu berücksichtigen:

- Kartusche auf Inhalt und Farbton prüfen.
- Fugen von Staub, losen Teilen und Feuchtigkeit reinigen.

***1*** Stellen Sie alle Arbeitsgeräte einschließlich Behälter für Trennmittel bereit.
Mit einem scharfen Messer schneiden Sie die Kartusche oberhalb von dem Gewinde auf, schrauben die Tülle darauf und spitzen diese schräg an.

***2*** Dann legen Sie die Kartusche in die Pistole und spritzen unter gleichmäßigem Druck die Masse in die Fuge. Ziehen Sie die Pistole zügig an der Fuge entlang.
Achten Sie darauf, dass die Fuge auch in die Tiefe vollständig ausgefüllt ist.

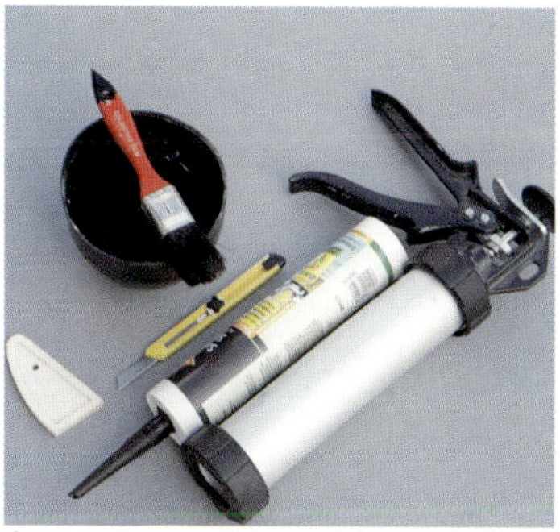
*1*

***3*** Anschließend benetzen Sie die Fuge großflächig und vollkommen mit dem Trennmittel. Bei Silikonen oder Kautschuk benutzen Sie eine Mischung aus warmem Wasser und einigen Spritzern Spülmittel. Bei Acryl sollten Sie ausschließlich kaltes Wasser benutzen.

***4*** Mit einem Abziehgummi können Sie bequem überschüssige Fugenmasse in gleichmäßigen Zügen abnehmen. Diese Arbeit sollten Sie gelegentlich unterbrechen, um den Gummi von aufgestauter Masse zu reinigen.

Die so ausgearbeitete Fuge müssen Sie noch mit der benetzten Fingerkuppe glätten, um eventuelle Unebenheiten oder Riefen auszugleichen.

*2*

*3*

*4*

# Außentreppe am Hauseingang verlegen

**Material**
Fertig zugerichtete Podeststufen, Verlegemörtel, Zement.

**Werkzeug**

**Schwierigkeitsgrad**

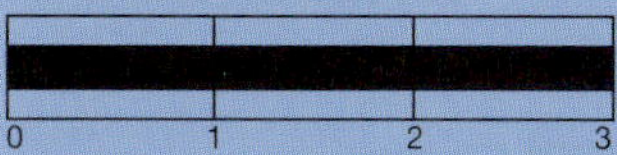


**Kraftaufwand**

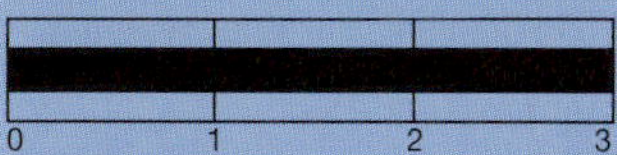


**Arbeitszeit**
Pro Laufmeter Schenkellänge müssen Sie ca. 1/2 Stunde reine Verlegezeit rechnen. Vorbereitungen und Nacharbeiten sind mit ca. 1/4 Stunde zu veranschlagen.

**Ersparnis**
Lohnkosten ca. 85 bis 120 DM pro Stunde.

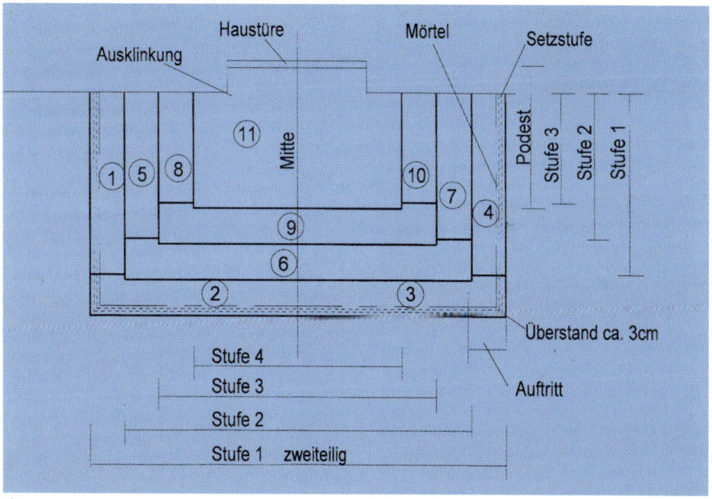


*1*

Podeste sind Stufenabsätze, beispielsweise bei Hauseingängen, wenn diese höher als das angrenzende Gelände liegen. Charakteristisch ist, dass sie von zwei, meist jedoch drei Seiten zu begehen sind. Mehrstufige Podeste werden auch als Podesttreppen bezeichnet.

Die Podeste sind in der Regel aus Beton gefertigt und mit der Rückseite in der Hausfassade verankert. Diese **Rohkonstruktion** wird im Außenbereich gerne mit Natursteinplatten belegt. Die Abmessungen der Platten sind dabei durch den Betonsockel in einem bestimmten Rahmen vorgegeben. Eine Treppe besteht grundsätzlich aus folgenden Elementen: den waagrechten Trittstufen, der obersten Podeststufe und den senkrecht stehenden Tritt- beziehungsweise Stellstufen.

Bei der Planung und beim Aufriss sind einige Überlegungen zu treffen, die für eine spätere reibungslose Montage von großer Wichtigkeit sind. Dazu gehört auch das Anreißen des Treppenprofils an der Hauswand.

2

Das **Versetzen** einer Treppe beginnt grundsätzlich von unten nach oben mit der ersten Stufe. Beim Einmessen und Aufreißen ist es jedoch genau umgekehrt, es wird also von oben nach unten gearbeitet.

Die Oberkante des Podestes richtet sich nach der Schwelle der Eingangstüre, meist ein Winkelprofil aus Stahl oder Aluminium. Achten Sie auch auf genügend Abstand zum Wetterschenkel, damit sich hier keine Steinchen verklemmen können. Mit einer Wasserwaage reißen Sie diese Höhe in den Laibungen und an beiden Seiten der Hauswand an. Messen Sie nun von diesem Riss bis zum Erdboden, und zwar auf der tiefer liegenden Seite. Das erhaltene Maß teilen Sie durch die Anzahl der Stufen gemäß Ihres Betonsockels. Sie erhalten so die Steigung der Stufen. Hiervon ziehen Sie die Dicke der Trittstufe, in der Regel 3 cm ab, und bekommen die Höhe der Setzstufe. Vertrauen Sie nicht auf die Ausführung des Betonsockels. Beim Betonieren kann die Schalung durch den hohen Druck ihre Form verändert haben. Etwaige Ungenauigkeiten müssen Sie mit Mörtel ausgleichen, wobei zu beachten ist, dass die Mörtelschicht an keiner Stelle weniger als 1 cm betragen darf.

Nun reißen Sie die Konturen der Setzstufen an. Berücksichtigen Sie einen Mörtelabstand zwischen Stein und Beton von etwa 2 cm.

***Profitipp***
Beim Einmessen ist sehr entscheidend, dass Sie das Podest in seiner Gesamtheit mittig zur Haustüre ausrichten. Sie müssen also nach beiden Seiten hin mit den jeweils halben Maßen rechnen. Wenn sie die senkrechten Linien auch der unteren Stufen nach oben verlängern, können sie über die gesamte Breite die Maße kontrollieren.

Der Überstand der Trittstufen über die Setzstufen sollte ca. 3 cm betragen.

***1*** Zeichnen Sie einen **Verlegeplan**, in den Sie alle Maße eintragen. Kennzeichnen Sie auch die Köpfe der Setzstufen, falls diese nicht auf Gehrung geschnitten sein sollten. Auch die Trittstufen sind in den Stoßfugen an den Ecken auf Gehrung geschnitten. Die Übergänge sind so harmonischer.

***Profitipp***
Werden die Platten von einer Firma ausgemessen und geliefert, ist unbedingt ein Verlegeplan anzufordern. Ansonsten wissen Sie nicht, welche Zugaben und Überstände an welchen Stellen vorzunehmen sind. Fehlen diese Unterlagen, müssen Sie sich aus den Maßen der gelieferten Teile ihren Verlegungsplan mühsam selbst erstellen.

***2*** Der fertige Aufriss an der Wand hilft beim **Einmessen** und Versetzen der Treppenplatten.

***3*** Das Material wird üblicherweise von den Fachfirmen auf Paletten angeliefert. Die Teile sind nummeriert und müssen stets dem Verlegeplan entsprechend zugeordnet werden.

***4–5*** Die Arbeit beginnt mit dem Aufmörteln der **Setzstufen** der untersten Reihe. Bei schrägem Geländeverlauf müssen sie entsprechend zugerichtet werden. Die Setzstufen sind exakt lotrecht zu versetzen und vollflächig mit plastischem Verlegemörtel zu hinterlegen. Dabei sind sie gegen ein Umfallen oder verrutschen zu sichern. Dazu eignen sich z. B. massive Steine aus Beton oder Klinker. Holzkeile helfen beim waagrechten Ausrichten.

***3***

***4***

***5***

*6*

***6*** An den Stoßfugen der aufeinander treffenden Setzstufen ist der rechte Winkel sorgfältig auszuführen, damit die darüber liegenden Trittstufen fluchten.

***7*** Zwischen alle Verbindungsfugen von Tritt- und Setzstufen bzw. den **Stoßfugen** streichen Sie eine mäßig dicke Schicht Zementschlämme.
Diese Technik ist dem nachträglichen Ausfugen vorzuziehen, bei dem die Fugen meist nur oberflächlich zugeschmiert werden. Hier erreichen Sie eine dichte Verbindung der beiden Bauteile.

***8–9*** Der **Mörtelaufbau** für die Trittstufen wird mit einer Trockenmischung ausgeführt. Dafür benötigen Sie zwei Mörtel von unter-

*7*

schiedlicher Konsistenz: Auf die festgestampfte, erdfeuchte Masse wird weicher, pastoser Mörtel in gleichmäßigen Streifen aufgetragen.

Ausquellende Masse sollten Sie etwas antrocknen lassen, bevor Sie diese dann mit einem Spatel oder Holzstück abnehmen.

***10*** Die **Trittstufen** müssen satt und vollflächig im Mörtelbett liegen. Überprüfen Sie die Waagrechte nach allen Seiten mit der Wasserwaage. Mit dem Gummihammer lassen sich die Platten einrichten. Der Einbau eines Gefälles ist möglich, sollte aber mit größter Sorgfalt ausgeführt werden. Bei geschützten oder überdachten Eingängen ist es nicht zwingend notwendig.

***Profitipp***
Die grauen Schlieren von angetrocknetem Zement lassen sich noch nach einer Stunde relativ leicht mit einem trockenen Tuch rückstandsfrei abwischen. Vermeiden Sie feuchte Lappen oder Schwämme, weil die Nässe den Zement sofort wieder anlöst und dadurch neue Rückstände von Grauschleier entstehen. Außerdem werden dadurch die Fugen ausgewaschen. Hartnäckige Ränder können nach ein bis zwei Tagen mit leichten Säuren oder einem speziellen Zementschleierentferner beseitigt werden.

***11–12*** Die nächste Reihe der Setzstufen müssen Sie nach dem Aufmörteln und Einrichten ebenfalls wieder in ihrer lotrechten Position halten. Hier eignen sich spezielle Trittstufenhalter oder auch einfachere Hilfsmittel wie Kanthölzer, die an der unteren Trittstufe mit Zwingen befestigt werden.

***13*** Überprüfen Sie mit dem Meterstab den **Auftritt**, d. h. den Abstand zwischen Vorderkante Trittstufe und der Setzstufe. Der Abstand sollte umlaufend und bei allen Trittstufen gleich groß sein.

8

9

10

***14*** Bei der obersten Platte, der eigentlichen Podestabdeckung, sind in der Regel die Aussparungen für die Zargen der Haustür und die Laibungen per Hand auszuklinken.

Messen Sie die **Ausschnitte** sorgfältig ein. Lassen Sie eine ausreichend große Fuge zwischen dem Stein und der Türschiene, die zum Schluss mit dauerelastischem Material abgedichtet wird.

Mit einem Winkelschleifer und Diamantsägeblatt werden die Schnitte ausgeführt.

Bei längeren Schnitten müssen Sie u. U. auch von der Rückseite her einschneiden, um das Material ganz zu durchtrennen.

11

12

13

14

# Fensterbänke einbauen

***Material***

Fensterbänke aus Naturstein, 3 cm dick; Mauerputz bzw. Mauermörtel.

***Werkzeug***

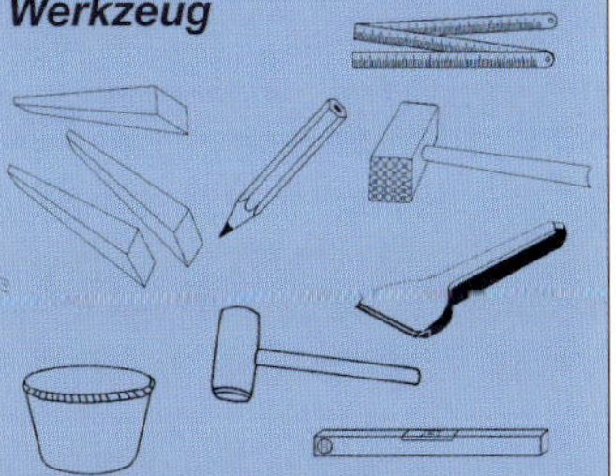

***Schwierigkeitsgrad***

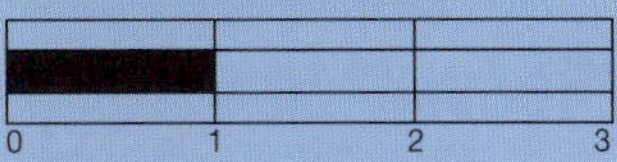


***Kraftaufwand***

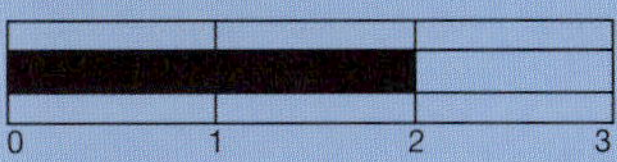


***Arbeitszeit***

Das Aufmaß eines Fensterbrettes nimmt nur wenige Minuten in Anspruch; Das Versetzen ohne Vorarbeiten müssen Sie mit ca. 1/4 Std. pro Fensterbank veranschlagen.

***Ersparnis***

Lohnkosten ca. 100 bis 120 DM pro Stunde.

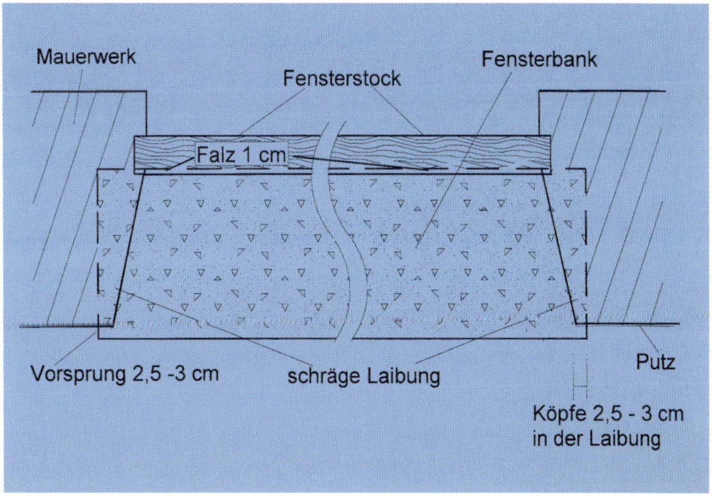


*1*

Für die Montage von Fensterbänken müssen Sie einige Vorüberlegungen anstellen.

Dabei stellt sich schon früh die Frage: Zuerst die Wände putzen und dann die Fensterbänke montieren oder umgekehrt? Beide Varianten haben ihre Vor- und Nachteile.

Vorteil der **Vormontage** ist, dass die Arbeit in einem Zuge vollendet wird und das nachträgliche Einputzen entfällt. Dagegen ist das Aufmaß bei ungeputzten Mauern wesentlich schwieriger, weil nur die rohe Ziegelwand und die Fensterstöcke als Orientierung dienen können.

Beim **Aufmaß** der Natursteinbänke müssen Sie schon über den Putzaufbau, seine Schichtstärke und die Fluchten Bescheid wissen. Eine Rücksprache mit den ausführenden Handwerkern vor dem Ausmessen ist in der Regel sinnvoll.

Andererseits ist das Verputzen ohne die vorspringenden Kanten der Fensterbänke einfacher auszuführen. Viele Fachleute bevorzugen diese Variante.

2

3

4

**Fensterbänke einmessen**
Ist der Putz schon aufgetragen, fällt das Ausmessen auch dem Laien relativ leicht. Die benötigten Maße wie Einbautiefe bzw. Zugaben sind leicht zu errechnen.

***Profitipp***
Benutzen Sie bei solchen Stemmarbeiten gut geschärfte Meißel. Wechseln Sie zwischen Flach- und Spitzeisen je nach Arbeitseinsatz. In den Ecken sind Meißel mit langem Schaft besser zu führen als die kurzen.

***1*** Die Skizze zeigt in der Draufsicht die Werte für die **Überstände** der Fensterbank an den Laibungen bzw. nach vorne sowie die Abdeckung des Fensterstockes durch den Putz. Optisch gut wirken Köpfe, die jeweils ca. 2,5 bis 3 cm in die Laibungen ragen. An der Vorderkante rechnen Sie ebenfalls ca. 2,5 bis 3 cm Vorsprung, hinten nochmals 1 cm. Damit können Sie bei der Montage den Stein in den Falzausschnitt ragen lassen. Der Falz ist meist 12–15 mm tiefer. Sie sollten zwischen Fensterbank und Fensterstock etwas Luft zum Arbeiten des Holzes lassen.

***2*** Zum **Versetzen** müssen Sie den Falz des Fensterstockes freilegen. Sie werden in der Regel um Stemmarbeiten im Mauerwerk nicht herumkommen. In den Laibungen müssen Sie ausreichend tiefe sowie hohe Schlitze einarbeiten, um genügend Spielraum für die Köpfe beim Ausrichten zu haben. Kritische Punkte sind erfahrungsgemäß die hinteren Ecken, die meist zu knapp ausgearbeitet werden. Beim Setzen klemmen die Bänke und können dann nicht weit genug in den Falz geschoben werden.

***3*** Mit dem Meterstab **messen** Sie vom Fensterstock bis zur Putzkante. Vorne zählen Sie den gewünschten Überstand hinzu. Vergessen Sie nicht die Zugabe für den Falz. Überprüfen Sie zur Kontrolle die Maße auf beiden Seite. Ein Wasserwaage hilft Ihnen, Unebenheiten im Putz zu erkennen. Bei unterschiedlichen Tiefen müssen Sie u. U. einen Mittelwert bilden. Die lichte Weite zwischen den Laibungen messen Sie ebenfalls unter Berücksichtigung der entsprechenden Zugaben aus. Bei sehr dicken Wänden sind die Laibungen oft schräge verputzt, damit sich der Kegel des einfallenden

Lichts in den Raum hin vergrößert. Entscheidend ist somit immer das Maß an der Vorderkante. Fensterlaibungen werden in der Regel an den Kanten durch Metallleisten geschützt, die auf beiden Seiten mit Stegrippen eingeputzt sind. Sind diese zu lang, müssen sie auf das entsprechende Maß gekürzt werden. Benutzen Sie eine feine Metallsäge und sagen Sie vorsichtig, um ein Abplatzen des Putzes am Kantenschutz zu vermeiden.

***4*** Zum **Aufmörteln** der Fensterbank bereiten Sie ein Bett aus steifen, etwa gleich großen Batzen. Setzen Sie diese nicht zu eng, damit für das platt gedrückte, überschüssige Material genügend Raum vorhanden ist. Falls Sie grauen Ansetzmörtel beziehungsweise Kleber verwenden, sollten Sie die Unterseite der Fensterbank mit diesem Material vollflächig bestreichen. Bei hellen durchscheinenden Materialien wie Carrara-Marmor, könnten sich Mörtel und Kleber als dunkle Flecken auf der Oberfläche abzeichnen. Schieben Sie die Fensterbank schräg von oben in den Falz. Drücken Sie diese dann vorsichtig an der Vorderkante nach unten bis in die Waagrechte. Die Hinterkante wird dadurch in den Falz gehoben. Einige Millimeter Zwischenraum lassen dem Holz genug Platz zum Arbeiten. Eingelegte Hartholz- oder Kunststoffkeile verhindern hinten ein nachträgliches Absinken der Steinplatte.

Bei Fensterbänken im Außenbereich, die auch **Solbänke** genannt

***5***

***Profitipp***

Im Innenbereich sollten Sie, schon aus optischen Gründen, auf ein zu stark sichtbares Gefälle nach vorne verzichten. Wasser wird sich hier erfahrungsgemäß nur in Ausnahmefällen sammeln.

*6*

werden, ist eine Neigung erwünscht. Damit kann Wasser vom Fensterstock weggeführt werden. Allerdings sollten Sie zum Schutz der Fassade einen größeren Überstand von ungefähr 5 cm wählen, damit abtropfendes Wasser vom Wind nicht so leicht gegen die Mauer gedrückt wird. Eine Wassernase, als Nut ausgebildet, ist unbedingt notwendig, sonst läuft das Wasser an der Unterseite des Steins rückwärts zur Wand.

***5*** Mit einer langen Latte und dem Meterstab überprüfen Sie die Einbautiefe zum Fenster auf beiden Seiten. Achten Sie auf gleich große seitliche Überstände der Köpfe. Mit dem Gummihammer lassen sich kleinere Korrekturen vornehmen.

Anschließend wird der Stein in den Ecken mit Mörtel fixiert, um ihn bei den folgenden Putzarbeiten nicht zu verrücken.

***6*** Zum **Einputzen** nehmen Sie zweckmäßigerweise einen Putzmörtel wie er für die Wand verwendet wurde. Körnung und Struktur gleichen sich so gut an. In normalen Wohnräumen reicht ein normaler Kalkputz. In Nassräumen, in Kellern und Garagen, sowie im Außenbereich müssen Sie einen Kalk-Zementputz verwenden. Dabei dient der Zement der Festigung des Putzes. Sein Anteil ist jedoch so gering, dass nachteilige Auswirkungen auf Kalkgestein oder Marmor vernachlässigt werden können.

Den **Anschluss** an der Falzkante müssen Sie mit Naturstein-Silikonmasse abdichten. Ist natursteinverträgliches Silikon nicht oder nicht in der gewünschten Farbe vorhanden, hilft eine Imprägnierung des Steins, da er nun gegen das Eindringen der ölhaltigen Substanzen dicht ist.

# Waschtisch aus Naturstein bauen

***Material***
Natursteinplatte (Kalkstein oder Marmor) 3 cm dick (Breite und Tiefe sind bauseits vorgegeben), Ansetzmörtel bzw. Kleber, Silikon.

***Werkzeug***

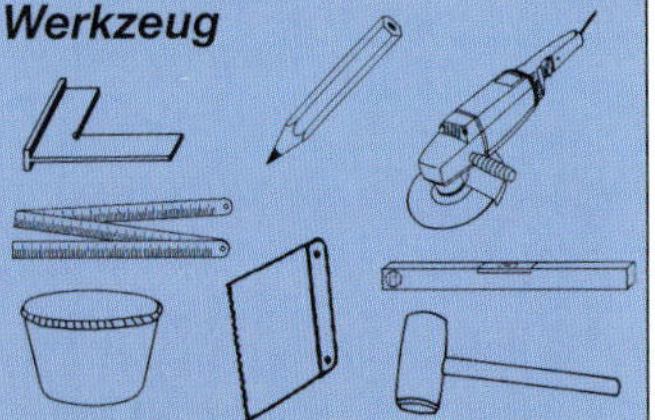

***Schwierigkeitsgrad***

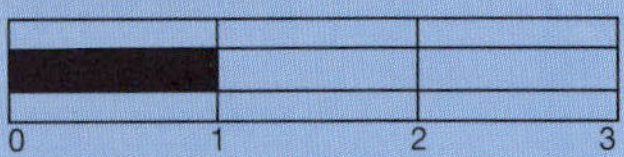


***Kraftaufwand***

***Arbeitszeit***
Mit Vorarbeiten sind pro Ausschnitt ca. zwei Arbeitsstunden zu veranschlagen. Für das Versetzen und ausrichten benötigen Sie ca. 1/2 Stunde.

***Ersparnis***
Sie sparen Lohnkosten von ca. 400 DM pro Ausschnitt und ca. 150 DM für das Versetzen.

Eine **Waschtischplatte** mit passendem Einbauwaschtisch bietet viel Komfort. Auf der Oberseite haben Sie ebene Abstellflächen und viel Platz für alle möglichen Utensilien. Vorbei sind die Zeiten, als Parfumfläschchen vom Beckenrand nach innen rutschten. Unterhalb bietet sich der Einbau von Staufächern an. Außerdem sind Anschlüsse und Ablaufgarnituren den Blicken entzogen.

Bei der **Auswahl** des Steines sind einige Überlegungen zu berücksichtigen. In Bädern stellen vor allem Kosmetika wie Schminkartikel (Lippenstifte, Make-ups) oder farbige Seifen, Duschgels oder Zahnpasta eine mögliche Gefahr dar. Daneben sind die lösungsmittel- beziehungsweise säurehaltigen Präparate zu nennen, etwa Nagellacke, Nagellackentferner, Parfums.

Hartgesteine wie etwa Granite sind praktisch unvorwüstlich und stabiler als die weicheren Sorten. Wegen der größeren Härte erhöhen sich die Bearbeitungskosten erheblich und der Einsatz von Spezialgerät (Diamantscheiben) ist unerlässlich. Bei den Kalksteinen und bei Marmor finden Sie dafür eine ungleich größere Auswahl und das zur übrigen Badausstattung passende Stück. Lassen Sie sich von einer Fachfirma beraten.

Der empfindliche Stein muss dann durch **Imprägnierung** geschützt werden. Im Fachhandel sind Spezialprodukte, meist als farblose, wässrige Lösungen, die rückstandsfrei auftrocknen, erhältlich. Meist wird es in zwei oder drei Schichten aufgetragen. Die stark saugende Oberfläche von Weichgestein wird dadurch gegen obige Angriffe dauerhaft versiegelt. Dagegen bietet sie nur mäßigen Schutz gegen mechanische Belastung. Der Stein ist also immer noch weich und empfindlich gegen tiefe Kratzer.

***Profitipp***

Das ersatzweise Aufbringen von Wachsen aller Art stellt keine Imprägnierung dar. Sie dienen allenfalls als zusätzlicher Schutz, meist aber zur Auffrischung des Glanzes. Wachs auf stark saugenden Oberflächen kann zum nachteiligen Effekt führen. Dies geschieht häufig dann, wenn der Stein das Wachs unterschiedlich stark aufnimmt und dadurch Flecken oder Ränder entstehen.

Die Platte **bestellen** Sie in den benötigten Abmessungen mit polierter Oberfläche und angearbeiteten Kanten. Die Tiefe muss auf das später einzubauende Becken abgestimmt sein. Berücksichtigen Sie also vorne und hinten einen ausreichenden Streifen von etwa 8–10 cm, damit die Platte noch ausreichend tragfähig ist. Wird der Wasserhahn ebenfalls in der Platte montiert, ist dieses Maß zusätzlich zu berücksichtigen. Werkzeichnungen, die im Lieferumfang der Becken enthalten sind, helfen Ihnen beim Festlegen der Maße. Es ist jedoch stets ratsam, selbst eine Montageskizze anzufertigen. Zur Selbstmontage eignen sich nur so genannte **Einbauwaschtische**, die von oben eingehängt werden. Da die Ränder durch das Becken ohnehin abgedeckt werden, dürfen die Ausschnitte in der Steinplatte relativ grob ausgeführt werden.

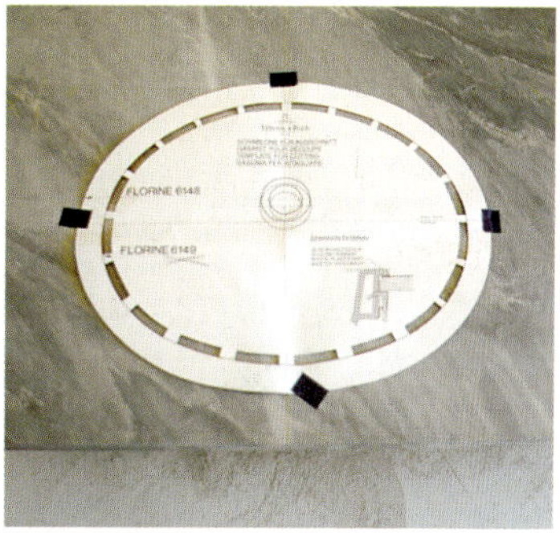

1

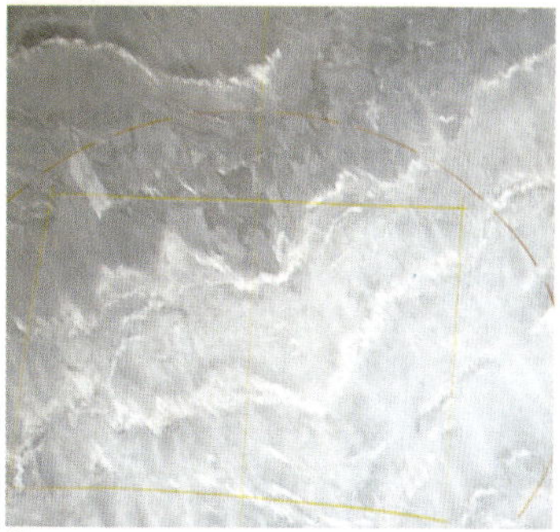

2

Beim **Einmessen** der Ausschnitte müssen Sie sich nach den Ablaufgarnituren richten. Kurze Ablaufwege ergeben sich nur bei mittiger Montage. Auch die Einbauhöhe ist in diesem Fall zu beachten. Beim Stützsockel sind Plattenstärke und Mörtelaufbau für die Montage einzurechnen.

***1–2*** Nun legen Sie eine **Schablone** auf und richten diese in ihre genaue Position ein. Einige Streifen Kreppband fixieren die Schablone gegen das Verrutschen. Mit einem farbigen Stift markieren Sie die Begrenzungen für den Ausschnitt.

Aber Vorsicht: Viele Hersteller liefern so genannte Kombi-Schablonen, auf denen die Schnittlinien für alle ihre Produkte dieser Art verzeichnet sind.

Die einzelnen Segmente sind entsprechend durch Nummern oder Typenbezeichnungen markiert. Vergleichen Sie diese mit der Bezeichnung auf Ihrem Becken. Verfahren Sie mit dem zweiten Beckenausschnitt in der gleichen Weise. Überprüfen Sie nach dem Markieren die Maße und Abstände der Ausschnitte, ihre Symmetrie und Flucht nach allen Seiten.

***3***

***3*** Erst jetzt sollten Sie mit dem **Ausschneiden** beginnen. Benutzen Sie einen normalen Handwinkelschleifer. Ein großer Scheibendurchmesser (230 mm) ist von Vorteil, weil er tief in die Platte einschneiden kann. Bei weichen Gesteinen ist die einfache Siliziumkarbidscheibe ausreichend und liefert ausgezeichnete Schnittleistungen. Die beiden Ausschnitte wurden mit einer einzigen Scheibe erstellt, und zwar ohne merklichen Verschleiß.

***Sicherheitstipp***

Schützen Sie Ihre Augen mit einer Brille vor Gesteinssplittern und Ihre Atemwege vor dem anfallenden Staub. Legen Sie immer wieder Pausen ein, damit sich der Staub legen kann. Die Platte fegen Sie regelmäßig ab, damit Ihre Markierungslinien erkennbar bleiben.

***4*** Zuerst schneiden Sie einfache Rechtecke aus den beiden ovalen Segmenten. Ein Hauptteil der Arbeit ist erledigt. Nun können Sie beim Weiterarbeiten den Winkelschleifer von oben durch die Öffnung führen und die Schnitte an den Seiten senkrecht bis zu den Markierungen heranführen.

***Ökotipp***
Der Schleif- und Schneidestaub von Kalkstein ist nicht umweltschädlich. Im Gegenteil lassen sich damit die meist übersäuerten Böden unserer Hausgärten gut neutralisieren und somit entscheidend verbessern.

***5–6*** Durch das Ausarbeiten von Schnittsegmenten wird aus dem Material die Spannung genommen und die äußere Begrenzung des Ausschnittes festgelegt. Die anfänglich großen Teilstücke werden durch zusätzliche Einschnitte immer weiter verkleinert, bis sie von selbst herausfallen. Ein Abschlagen von Resten ist nicht zu empfehlen, da die Erschütterungen im Gesteinsgefüge von großen Platten leicht zur Bildung von Rissen führen könnten.

Sind die Ausschnitte fertig, sollte vor dem Versetzen die Becken zur Probe eingehängt werden. Späteres Nachbessern im montierten Zustand des Steines ist meist sehr umständlich.

Zum **Transport und Einbau** einer derart großen Platte sind mindestens zwei kräftige Personen notwendig. Kurze und gerade Wege sind von Vorteil. Als Stützen dienen zwei gemauerte und verflieste Sockel. Hinten ruht sie auf einer 12 cm tiefen Vormauerung.

*4*

Wichtig: Lassen Sie die fertige Platte beim Transport nicht durchhängen, da sie ansonsten durch ihr Eigengewicht zerbricht. Halten Sie die Platte stets in der Vertikalen, legen Sie schräg gegen die Unterkonstruktion und schieben Sie sie vorsichtig in ihre endgültige Position.

***7*** Die Platte wird in ein Mörtel- oder Kleberbett gelegt und mithilfe einer Wasserwaage nach allen Seiten auf ebenen Sitz überprüft. Unter Umständen müssen Sie den Stein gegen Absitzen im Mörtel oder Kleber durch Keile sichern.

*5*

*6*

*7*

# Mauerabdeckung anbringen

***Material***
Natursteinplatten in entsprechender Breite und 3 cm Dicke, Ansetzmörtel bzw. Kleber, Fugmasse.

***Werkzeug***

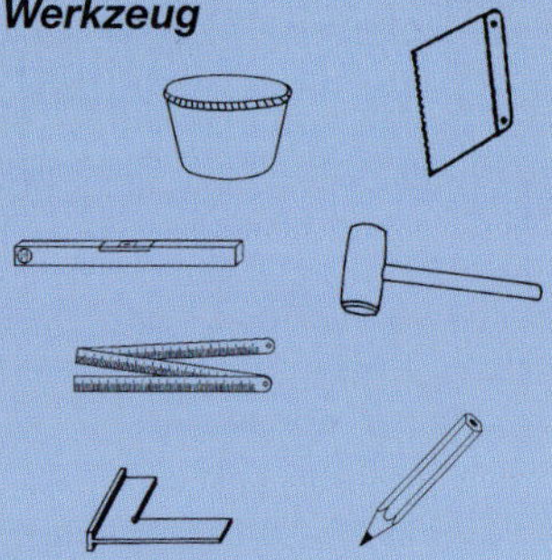

***Schwierigkeitsgrad***

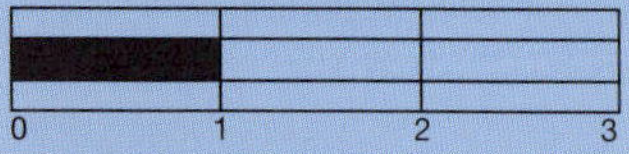


***Kraftaufwand***

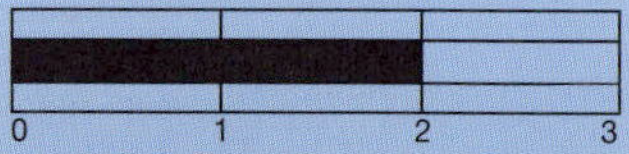


***Arbeitszeit***
Je nach Vorarbeiten benötigen Sie pro Laufmeter Abdeckung ca. 1/2 Stunde zum Versetzen.

***Ersparnis***
Lohnkosten ca. 100 bis 120 DM pro Stunde.

Das Abdecken einer Mauer verhindert das Eindringen von Feuchtigkeit und schützt vor Schmutz und aggressiven Stoffen in der Luft. Das verwendete Material muss natürlich diesen rauen Anforderungen Stand halten können. Deshalb scheiden alle weichen Gesteine von vornherein aus. Auch die **Frostfestigkeit** muss in unseren Breiten berücksichtigt werden. Ideale Voraussetzungen bringen die Hartgesteine mit sich.

In diesem Fall hat sich der Bauherr für eine Abdeckung aus Granit entschieden. Der Zugang und das Podest zur Haustür sind ebenfalls mit Granit gestaltet.

*1*

***1*** Für das **Aufmaß** benötigen Sie lediglich einen Meterstab. Messen Sie die Mauer an mehreren Stellen in ihrer Breite ab und berücksichtigen Sie das größte Maß. Achten Sie auch darauf, ob die Mauer lotrecht steht. Wird sie zum Fundament hin breiter, müssen Sie das zu Ihren Maßen hinzurechnen. Beim anschließenden, senkrechten Verputzen der Wand würde die Abdeckung sonst zu schmal ausfallen. Auch die Putzstärke von ungefähr 1 cm sollten Sie berücksichtigen. Als Fugenmaß kalkulieren Sie 1 cm. Erst jetzt zählen Sie den so genannten Überstand von 2,5 bis 3 cm für die sichtbare Seite hinzu. Er ist wichtig, um die Mauerfläche später vor abtropfendem Wasser zu schützen. Wasser ist anlehnungsbedürftig und läuft immer an Flächen entlang, auch wenn diese waagrecht sind. Sogar kurze Steigungen können so überwunden werden. Die Folge sind hässliche Streifen an der Mauer. Um diese auszuschließen, sollte an der Unterseite jeder Abdeckung eine **»Wassernase«** angebracht werden: eine Nut von 1 cm Tiefe und

2

3

4

wenigen Millimeter Breite, die etwa 15 Millimeter von der überstehenden Kante entfernt eingesägt wird.

Bei frei stehenden Mauern werden Überstand und Wassernase entsprechend beidseitig bzw. umlaufend angebracht.

Der Raum zwischen der Mauerabdeckung und der Hauswand soll in diesem Fall mit Pflastersteinen belegt werden.

***Profitipp***
Günstig im Einkauf wird die Bestellung in Normmaßen. Versuchen Sie auf eine Breite von einem Vielfachen von 2,5 cm zu kommen. Etwa 27,5 cm, 30 cm, 32,5 cm usw.

***2*** Zum **Versetzen** rühren Sie einen Mauermörtel oder Kleber in steifer Konsistenz an. Er darf nicht unter dem Eigengewicht der Platten zusammengedrückt werden. Auf der Maueroberseite richten Sie eine ausreichend dicke Lage dieses Mörtels mit der Kelle an.

***3*** Die Rückseite mit einer dünneren Schicht zur Verbesserung des Klebekontakts bestreichen.

***4*** Legen Sie die Abdeckung auf den Mörtel und richten Sie diese nach der Waagerechten aus. Benutzen Sie dafür eine Wasserwaage und überprüfen Sie beide Seiten. In Längsrichtung ist normalerweise kein Gefälle zu berücksichtigen. Es ist aber sinnvoll, die Platten mit einer leichten Neigung zur Außenkante zu verlegen. Auf diese Weise kann auch Schmelzwasser abfließen und es bilden sich auf der Abdeckung keine Pfützen aus.

***Profitipp***
Arbeiten Sie besonders bei der Verwendung von Klebern zügig und überlegt. Bau- und Montagekleber besitzen im Gegensatz zum Ansetzmörtel sehr geringe Einlegezeiten, die sich durch Wind oder warme Außentemperaturen noch verkürzen. An der äußeren Kontaktfläche bildet sich dann eine matte ledrige Haut, was die Klebkraft stark herabsetzt. Benetzen mit Wasser hilft hier nicht mehr. Die Stellen sind erneut mit Kleber einzustreichen.

5

6

**5** Legen Sie dann die nächste Platte in der oben beschriebenen Weise an.

**6** Mit dem Gummihammer und einer Richtlatte bzw. langen Wasserwaage überprüfen Sie die Flucht an der Außenkante. Beachten Sie, dass die Steinplatten oft Maßdifferenzen aufweisen. Dies ist besonders bei zusätzlicher Oberflächenbehandlung, etwa Schleifen oder Stocken, zu beobachten.

In diesem Fall müssen Sie diesen Versatz auf die Innenkante legen. Neben dem unregelmäßigen Fugenverlauf des angrenzenden Pflasters wirkt die Unregelmäßigkeit weniger störend.

**7** Achten Sie dabei auf einen ausreichenden Fugenabstand, den Sie auch bei den anderen Platten einhalten sollten. In der Regel ist bei dicken Platten 1 cm eine gute Wahl.

**8–9** Mit steifer Fugenmasse werden die Fugen gefüllt. Benutzen Sie eine Spachtel oder Kelle und drücken Sie das Material bündig in die Hohlräume ein. Mit einem Schwammbrett wir die Stelle anschließend gereinigt.

7

8

9

# *Garagenzufahrt pflastern*

***Material***
Pflastersteine in der Größe 8/10 oder 9/11, Splitt, Sand.

***Werkzeug***

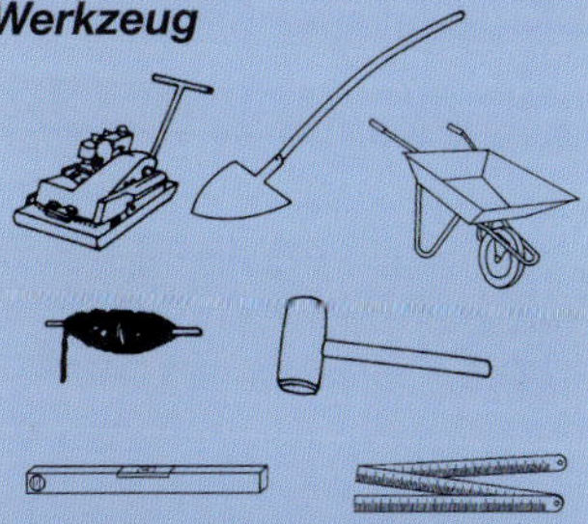

***Schwierigkeitsgrad***

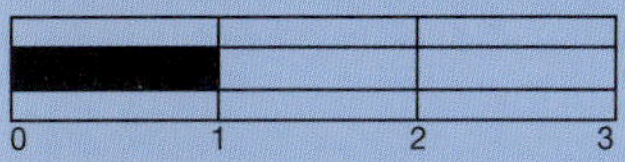


***Kraftaufwand***

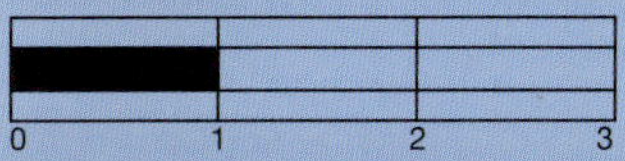


***Arbeitszeit***
für die Vorbereitung müssen Sie ca. 1/2 Stunde pro qm rechnen. Zum Setzen der Steine ist für einen Ungeübten 1 qm in 1 bis 1 1/2 Stunden zu veranschlagen.

***Ersparnis***
Lohnkosten pro qm ohne Vorarbeiten ca. 50 bis 60 DM.

Natursteinpflaster ist etwas für Generationen. Pflastersteine aus Granit eignen sich deshalb vorzüglich zur **Befestigung** von Hofzufahrten. Sie sind stark belastbar, abriebfest, unempfindlich gegen Nässe und Frost und weitgehend säurebeständig. Richtig verlegt spielt **Granitpflaster** seine ganze Schönheit in Form und Farbe aus und wird zum Blickfang am Haus.

Voraussetzung für eine dauerhafte Oberfläche ist ein tragfähiger **Unterbau**. Der Idealfall wäre selbst verdichteter Untergrund aus wasserduchlässigem Material. In der Regel müssen Sie den Untergrund aber selbst vorbereiten. Zuerst ist der Mutterboden aus Humus abzutragen. Dieser quillt bei Frosteinwirkung auf und hebt den darüber liegenden Steinverband. Im Laufe der Jahre wird der Belag durch die Bewegungen im Unterbau wellig.
Die Tragschicht darf bei Zufahrten 40 cm nicht unterschreiten. Als Füllmaterial eignet sich Schotter oder Kies. Spezieller Frostschutzkies ist etwas teurer als normaler Grubenkies, erfüllt aber die Anforderungen an **Frostfestigkeit**. Der Unterbau muss sorgfältig verdichtet werden. Dies geht am einfachsten mit einer Rüttelplatte.

***Profitipp***
Ausgiebiges Wässern der Kiesschichten fördert die Verdichtung. Das Wasser transportiert beim Eindringen in die tieferen Schichten den feineren Sand in alle Hohlräume. Diese Aufgabe würde später das Regenwasser übernehmen, wodurch sich der ganze Aufbau im Laufe der Zeit absenkt.

***1*** Als **Ausgleichsschicht** über dem Unterbau benutzen Sie ausschließlich Splitt. Dies ist gebrochener und gewaschener Kies und

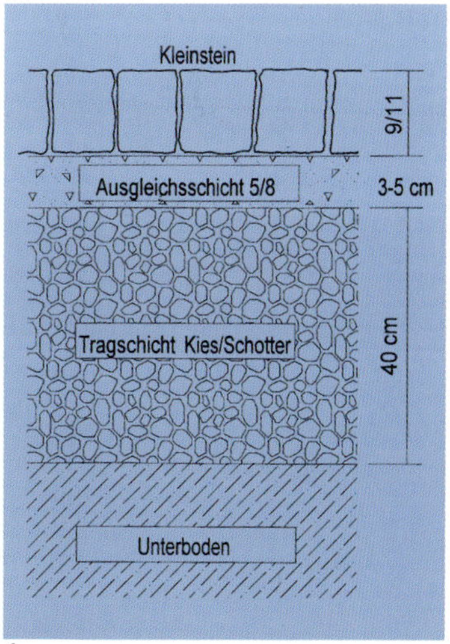


***1***

2

3

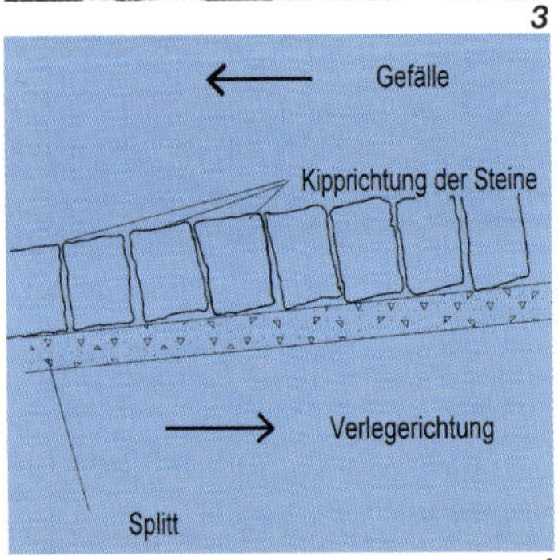


4

wird üblicherweise in verschiedenen Korngrößen im Handel angeboten.

**2** Zum **Pflastern** eignet sich 5/8er-Splitt, das heißt das Korn ist zwischen 5 mm und 8 mm groß. Durch die scharfen Kanten verzahnen sich die einzelner Körner untereinander. Splitt als Ausgleichsschicht ist sofort begehbar.

***Profitipp***

Vermeiden Sie beim Pflastern, entgegen allen Ratschlägen, auch aus Lehrbüchern, Sand als Schüttgut. Er ist rundkörnig und neigt im Verbund zum Rollen. Dies macht ihn instabil bei schweren Belastungen, zum Beispiel mit dem PKW. Außerdem werden die feinsten Bestandteile durch Regen- bzw. Schmelzwasser ausgeschwemmt, was zum Absacken von Steinen oder Platten führt. Obendrein graben sich Würmer, Käfer, auch Mäuse und sogar Ratten, ihre Gänge durch den Sand, was beim scharfkantigen Splitt nicht der Fall sein kann. Knöcheltiefe Einbuchtungen bei altem Kopfsteinpflaster in Städten sind dann oft die Folge von solchen Aushöhlungen.

***3*** Natursteinpflaster wird neben den Güteklassen in drei Gruppen unterteilt, die sich auf die Formatgröße beziehen:

**Mosaik-Pflaster**

| | |
|---|---|
| 3/5 cm | ca.10,0 qm/t |
| 5/7 cm | ca. 7,5 qm/t |
| 6/8 cm | ca. 6,6 qm/t |

**Kleinstein-Pflaster**

| | |
|---|---|
| 7/9 cm | ca. 5,5 qm/t |
| 8/10 cm | ca. 5,0 qm/t |
| 9/11 cm | ca. 4,5 qm/t |

**Großstein-Pflaster**

| | |
|---|---|
| 13/15 cm | ca. 3,3 qm/t |
| 15/17 cm | ca. 3,0 qm/t |
| 17/21 cm | ca. 2,5 qm/t |

Pflaster wird in Gewicht (Tonnen) abgegeben. Für den Quadratmeter müssen Sie bei 9/11 ungefähr 95 Stück, bei 8/10 etwas über 100 Stück berechnen.

Für eine Hofzufahrt eignet sich **Kleinstein-Pflaster** als 8/10 oder 9/11 cm. Es ist einerseits groß genug, um stabil und belastbar in einem Verbund zu liegen, andererseits lassen sich noch schöne Muster verlegen. Charakteristisch für Pflastersteine ist die unterschiedliche Seitenlänge.

Beim Pflastern wird die Ausgleichsschicht nicht mit einer Latte eben abgezogen wie bei Betonverbundsteinen. Wegen der unregelmäßigen Form und Größe müssen Sie vielmehr jeden Stein gesondert setzen und das **Splittbett** in die passende Höhe zurichten. Sie kippen den Splitt also nur in die Bahn und ziehen ihn grob mit einem Rechen ab.

*4* Wollen Sie ein **Gefälle** einarbeiten, gilt der Grundsatz: zur Steigung hin pflastern. Die Verlegerichtung läuft also zum höheren Ende hin. Entsprechend müssen Sie den Aufbau der Splittschicht gestalten. Beim Setzen lehnt jeder Stein an dem vor ihm liegenden und hat sofort Halt, die Fugen werden auf ein Minimum reduziert.

*5* Für die **Höhe** spannen Sie sich Schnüre. Diese geben auch die Richtung bzw. seitliche Begrenzung an. Spannen Sie die Schnüre ca. 1 cm Höhe als die gewünschte Höhe. Beim späteren Abrütteln gibt der Belag nach. Spannen Sie die Schnüre so straff, dass sie nicht durchhängen. Überprüfen Sie regelmäßig, ob die Schnur noch frei liegt und nicht durch Splitt oder Steine verlegt ist.

*6* Als **Rechtshänder** richten Sie sich Ihren Arbeitsplatz so ein, dass die Steine zu Ihrer Linken liegen. Gearbeitet wird rückwärts. Um eine flüssige Arbeitsweise zu erreichen, sollten Sie sich angewöhnen, den Hammer nicht aus der Hand zu legen und Steine nur mit der linken Hand zu setzen.

***Sicherheitstipp***

Benutzen Sie als Ungeübter zum Greifen der Steine gut passende, nicht zu derbe Handschuhe. Gespaltener Granit ist oft scharfkantig und rau.

*7* Es gibt verschiedene **Verlegemuster** für Pflaster. Das gängige und zeitlos schöne Bogenmuster soll hier verwendet werden. Dazu wird die Verlegefläche in gleich breite Bahnen aufgeteilt. Das Prinzip ist relativ einfach. Es werden eigentlich zwei Viertelbögen ausgebildet, die sich in der Mitte wie Sicheln kreuzen. Die jeweilige Breite sollte zwischen 50 und 70 cm betragen. Das ergibt Bahnenbreiten von 1 bis 1,4 Meter. Beim Formen des Musters macht man sich die unterschiedlichen Kantenlängen der Steine zunutze. In der Zeichnung lässt sich erkennen, dass die

5

6

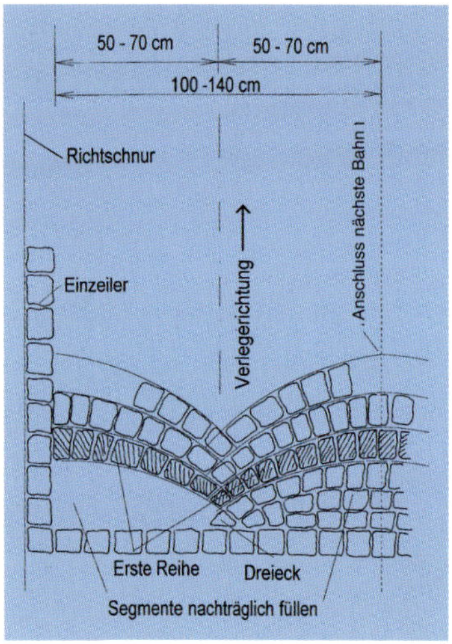


7

8

9

Schenkellängen der Steine nur entsprechend platziert werden müssen. In Verlegerichtung werden sie zum Rand hin immer größer. Dies ist der entscheidende Punkt.

Wird diese Regel außer Acht gelassen, werden die **Bögen** nach wenigen Steinreihen zu Geraden. Die größte Schwierigkeit ist der Anfang, weil praktisch noch keine Form vorhanden ist, der man nacharbeiten kann. Ein Trick für den Anfänger ist, je einen Halbbogen als Schablone in der gewünschten Krümmung aufzubauen. Dazu benötigen Sie im Scheitelpunkt ein so genanntes Dreieck, an dem die Reihen nach beiden Seiten angelegt werden. Die beiden leeren Segmente füllen Sie nachträglich aus.

***8*** Beim **Setzen** schieben Sie mit der langen Finne des Hammers ein Bett in den Splitt, setzen den Stein ein und schlagen ihn mit der Bahn fest. Er muss plan im Verbund mit den bereits gesetzten Steinen liegen. Eine Holzlatte, die Sie zur Kontrolle über die Steinbahn legen, hilft Ihnen beim Ausrichten. Setzen Sie die Steine so eng wie möglich. Dadurch erhöht sich zwar die Stückzahl auf der gesamten Fläche, aber die Fläche wird wesentlich stabiler.

***9*** Ein zweite Regel besagt, dass zum Abschluss an jeder Begrenzung ein so genannter **Einzeiler** gebildet wird. Es handelt sich um eine eigene Reihe von Steinen, die formatgleich aneinander gesetzt sind. Dieser Einzeiler dient der Ästhetik und erleichtert auch das Einpassen der äußeren Bogensteine.

***10*** Im **Scheitel** der Bahn müssen die Steine mit einer leichten Richtung für die Bögen gesetzt sein.

***11*** Die **Zwischenräume** müssen Sie zuerst mit Splitt ausfüllen und diesen sauber einkehren. Der Splitt verkeilt sich in den Fugen und gibt jedem einzelnen Stein seinen festen Halt.

***Profitipp***
Vermeiden Sie die in der Praxis oft gesehene Vorgehensweise, die Fugen mit Mörtel einzuschlämmen. Dies widerspricht der Natur und Tradition von Granitsteinpflaster und erhöht die Stabilität des Verbundes nicht.

***12*** Mit der **Rüttelplatte** werden die Steine anschließend eingerüttelt. Arbeiten Sie dabei kreuzweise in Bahnen. Durch mehrmaliges Abrütteln können Sie gezielt Unebenheiten ausgleichen. Bei Begrenzungen wie Wegeinfassungen, Hauswänden, Stufen sollten Sie vorsichtig zu Werke gehen, um keine Schäden zu verursachen.

Zum Schluss werden die Fugen mit **Sand** gefüllt. Eine Schicht davon darf in den ersten Tagen vollflächig auf dem Belag verweilen und sollte regelmäßig nachgekehrt werden.

***10***

***11***

***12***

# *Trockenmauer errichten*

***Material***
Bruchsteine in verschiedenen Größen und Stärken, Steine zum Hinterfüttern, Splitt 0/8.

***Werkzeug***

***Schwierigkeitsgrad***

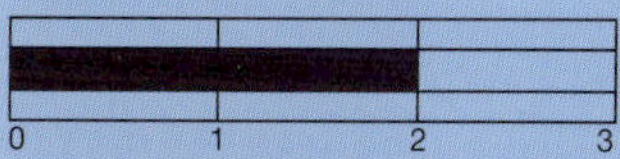


***Kraftaufwand***

***Arbeitszeit***
Die Vorarbeiten richten sich nach den örtlichen Gegebenheiten. Für das Versetzen und Befüllen müssen Sie pro Quadratmeter ca. 2,5 Stunden rechnen.

***Ersparnis***
Lohnkosten ca. 80 bis 90 DM pro Stunde. Solche Arbeiten werden auch von Gärtnern oder Landschaftsgestaltern durchgeführt.

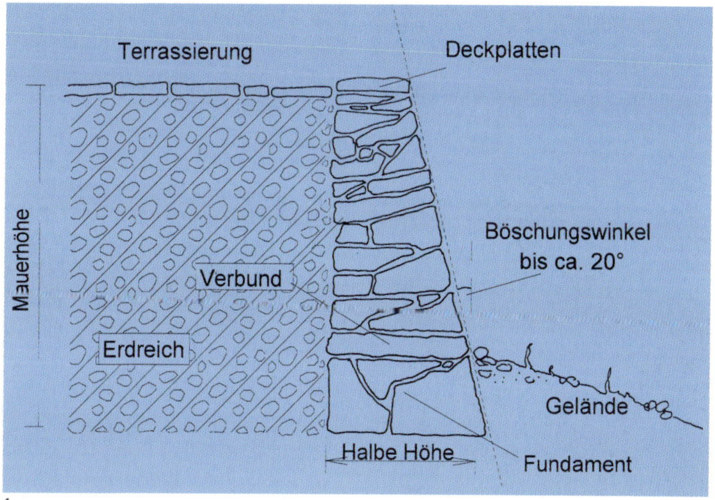


*1*

Trockenmauern werden trocken, also **ohne Mörtel** verlegt. Trotzdem sind sie sehr dauerhaft und stabil zu errichten. Der Bau von Trockenmauern bietet sich bei Hanglagen, z. B. zum Terrassieren leichter Böschungen, an. Sie können die Mauer auch bepflanzen und in die Gartengestaltung mit einbeziehen.

***1*** Der **Querschnitt** einer Trockenmauer zeigt, dass die Stabilität aus einer ausreichenden Breite in der Basis und der Schwere des eingearbeiteten Materials resultiert. Die Mauer sollte etwa halb so dick sein wie hoch. Größere Höhen als ein Meter sind problematisch, da die ständigen Bodenbewegungen das Gefüge instabil machen. Um die Schubkräfte des rückseitigen Erdreiches aufzunehmen, muss sich diese außerdem in einem Winkel bis ca. 20° nach hinten neigen. An der Rückseite genügt eine schwache Abschrägung, wodurch sich die Mauer nach oben hin automatisch verjüngt. Auch Trockenmauern kommen ohne **Fundament** nicht aus. Dieses kann ebenfalls trocken gemauert werden, muss aber ausreichend tief sein, wenn

2

3

hinten voll mit Erde aufgefüllt wird. Die Fundamenttiefe sollte ca. ein Drittel der sichtbaren Höhe ausmachen.

Als **Baumaterial** eignen sich alle harten Gesteine wie Granit, aber auch andere frostsichere Sorten, etwa Tuff, Sandstein oder Muschelkalk. Beim Einkauf sollten Sie sich durch die unterschiedlichen Begriffe nicht verwirren lassen. Von einfachen Bruchsteinen über Böschungspflaster, Wasserbausteinen bis hin zu Zyklopensteinen ist alles zu finden. Diese Sorten sind einer bestimmten Klassifikation nach Größe und Form unterworfen, und das macht sie dann auch entsprechend teuer. Für den Laien sehen sie aber trotzdem alle gleich aus. Doch es geht auch einfacher und vor allem günstiger. Lose Steine werden **nach Gewicht** verkauft, die gängige Einheit ist die Tonne. Preisvergleiche lohnen sich immer. Das Angebot kann für ein und dieselbe Sorte um bis zu 150% schwanken.

***Profitipp***

Die größte Auswahl und die besten Preise werden Sie direkt beim Hersteller, sprich in einem Steinbruch finden. In diesem Fall entschied sich der Bauherr für schlichten „Abfall". Da diese Steine für keine Norm mehr zu verwerten sind, konnten sie für einen Bruchteil (ca. 15 DM/t) der Klassifikationssteine erstanden werden.

Die weniger geeigneten Stücke werden ohnehin als Füllmaterial benötigt. Im Übrigen sollten Sie etwas mehr Material einkaufen, als Sie voraussichtlich benötigen werden. Beim Versetzen haben Sie dann eine größere Auswahl an passenden Formen und Größen.

Geeignetes Gestein für eine Trockenmauer besitzt weitgehend große und **ebene Flächen**. Für die Vorderseite benötigen Sie Steine mit wenigstens einer glatten Kante. Deshalb sind alle eckigen und abgeflachten Formen den abgerundeten, krummen und kugeligen Arten vorzuziehen. Kantiges Material verkeilt sich besser und bietet deshalb einen dauerhafteren Halt der gesamten Konstruktion.

Eine Ausnahme bilden »Rundlinge«, die aufgrund der Größe und ihres Gewichtes eine eigene Stabilität besitzen. Diese können allerdings nicht mehr von Hand bewegt werden. Als Erstes müssen Sie den Untergrund für das Fundament vorbereiten. Störenden Bewuchs müssen Sie beseitigen. Graben Sie die Wurzelstöcke aus, da diese u. U. wieder austreiben und so das Fundament instabil machen.

*4*

*5*

*6*

**2** Markieren Sie den Verlauf der Mauer mit kleinen Holzpflöcken, die Sie mit einer Schnur verbinden. In dem so erstellten Feld heben Sie mit dem Spaten die obere Humusschicht ab. Mit Schaufel und Hacke heben Sie einen **Graben** in der gewünschten Tiefe aus. Den Aushub aus Humus sollten Sie lagern und zum späteren Bepflanzen nutzen.

***Profitipp***

Um den Sand auch in die unteren, schwerer zugänglichen Ritzen zu bringen, benutzen Sie am besten einen Gartenschlauch. Das Wasser transportiert die sandigen Anteile ab und schließt somit alle Hohlräume. Weggespülten Sand ergänzen Sie durch neuen. Verwenden Sie das Wasser aber sparsam, um den Graben nicht zu fluten.

**3** Befüllen Sie jetzt den Graben mit möglichst großen und schweren Steinen. Die Zwischenräume füllen Sie sofort mit gebrochenem Sand aus. Benutzen Sie nach Möglichkeit keinen rundkörnigen Sand oder Kies. Dieses Material kann sich nicht verkeilen und wird keine feste Verbindung bilden.

Das **Fundament** muss nicht eben aufgefüllt werden. Wesentlich besser ist es, wenn einige Steine aus dem Verbund herausragen, und zwar im vorderen Bereich bzw. mittig. Sie wirken wie Haken für die darüber liegende Konstruktion. Fehlen sie, könnte die Mauer durch den Druck des hinteren Erdreiches über die glatte Fläche weggeschoben werden.

***4–5*** Nun beginnt der Aufbau des **Sichtmauerwerks**. Sie müssen dabei schichtweise vorgehen, d. h. die gesamte Breite anlegen. Benutzen Sie für den rückwärtigen Teil weniger ansehnliche Steine. Auf eine Schicht Brechsand legen Sie die Steine Ihrer Wahl und richten diese mit einem Gummihammer ein.

Es sollten keine senkrechten und waagrechten durchlaufenden Fugen entstehen. Die Fugenausbildung folgt den Formen der Steine.

***6*** Die **Hohlräume** sind möglichst klein zu halten. Füllen Sie sie zuerst mit Bruchstücken auf und dann mit dem Sand.

7

8

9

**7** Wichtig ist es auch, die Sichtsteine nicht nur untereinander, sondern auch mit den hinteren im **Verbund** zu verlegen. Dafür eignen sich schmale plattenähnliche Formate, die über die gesamte Breite eingesetzt werden.

**8** Manche Steine passen erst, wenn sie zuvor entsprechend zugerichtet werden. Oft sind es nur überstehende Ecken oder Grate, die eine bessere Passform verhindern.

Bei Hartgesteinen ist ein spezielles **»Sprengeisen«** hilfreich. Mit einem Spitzeisen oder der Hammerbahn lassen sich die meisten Probleme jedoch ebenso zufrieden stellend lösen.
Beim Hantieren mit den schartigen Steinen sollten Sie zu Ihrer eigenen Sicherheit stets geeignete Arbeitshandschuhe und massives Schuhwerk tragen.

**9** Wenn Sie **Pflanzen** integrieren wollen, sollten diese gleich beim Versetzen der Steine eingepflanzt werden. Vermeiden sollten Sie dabei solche Pflanzen, die durch ihr Wurzelwerk ernsthafte Schäden an der Mauer anrichten könnten.

Benutzen Sie zum Einpflanzen den humosen Aushub, der jedoch keine größeren Steine enthalten sollte. Notfalls entfernen Sie diese. Der Humus muss durch die gesamte Mauer hindurch Anschluss an das rückseitige Erdreich haben. Nur dies garantiert, dass die Pflanzen beim Wachsen ausreichend Feuchtigkeit und Nährstoffe bekommen. Es sollten nur robuste und pflegeleichte Gewächse, wie sie auch in Steingärten gepflanzt werden, Verwendung finden.
Der Hauswurz zum Beispiel ist sehr einfach zu pflegen, da er anspruchslos ist und auf nahezu allen Böden gedeiht.

***Sicherheitstipp***

Bei der Bearbeitung von Naturstein müssen Sie immer mit dem Abplatzen von scharfkantigen Splittern rechnen. Besonders beim Zurichten von Bruchsteinen, wo es oft nur auf einige wenige Schläge ankommt, wird aus Bequemlichkeit auf eine Schutzbrille verzichtet. Erfahrungsgemäß passieren hierbei viele Unfälle mit Augenverletzungen.

# *Aus alten Steinen lässt sich Neues gestalten*

# Gartenweg aus Bruchplatten anlegen

***Material***

Bruchplatten aus Hartgestein (z. B. Quarzschiefer), Splitt, Korngröße 5/8 mm.

***Werkzeug***

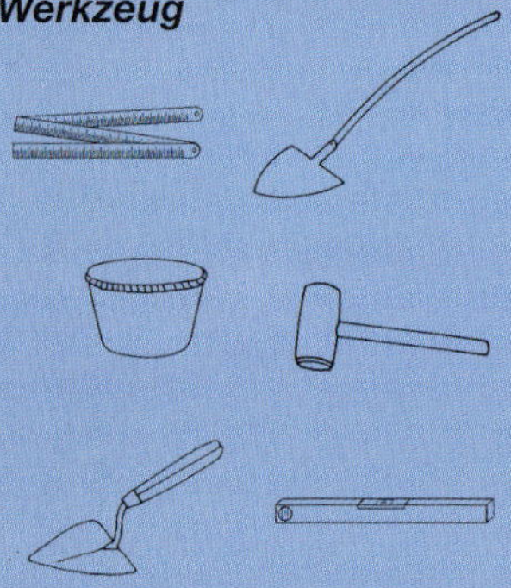

***Schwierigkeitsgrad***

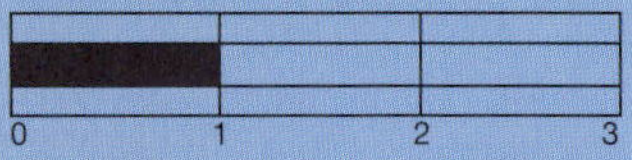


***Kraftaufwand***

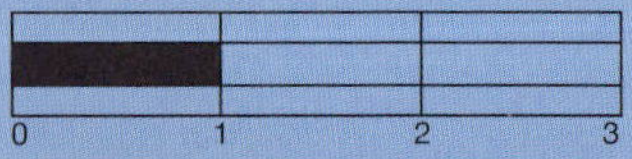


***Arbeitszeit***

Mit Vorarbeiten müssen Sie pro Platte ca. 20 Minuten veranschlagen.

***Ersparnis***

Lohnkosten ca. 80 bis 90 DM pro Stunde.

*1*

*2*

*3*

Um auch bei feuchter Witterung einigermaßen trockenen Fußes über die Rasenanlage zu den Biotonnen zu gelangen, wurde ein Weg aus Bruchplatten geplant. Sie sollten bündig in den vorhandenen Rasen eingelassen werden, damit später beim Mähen keine Probleme auftreten.

***1*** Die Bruchstücke sollten in der **Größe** ausreichend bemessen sein, um einem normalen Fuß beim Gehen genug Platz zu bieten. Außerdem liegen große Platten (mind. 0,15 qm) aufgrund der eigenen Schwere besser im Kiesbett. Achten Sie beim Kauf auch auf ausreichende **Plattendicke** von mindestens 3 cm, besser 4 bis 5 cm. Eine umlaufend gleich bleibende Dicke bietet besseren Halt gegen Kippen und lässt sich einfacher verlegen.

***2*** Zur Anordnung des Plattenmusters und ihrer Anpassung an die gewohnte **Schrittweite**, legen Sie die Steine so auf dem Rasen aus, wie Sie den Weg später haben wollen. Sie können jetzt noch die einzelnen Formen untereinander kombinieren und verschiedene **Verlegemuster** ausprobieren. Schreiten Sie jede Variante zur Probe ab. Korrigieren Sie notfalls die Abstände und Lage einzelner Platten.

***3*** Haben Sie sich für einen Variante entschieden, stechen Sie mit einem **Spaten** den Rasen um die Kontur der Platten ab.

***Profitipp***
Schärfen Sie gegebenenfalls die Schneide des Spatens mit einer Feile. Dadurch können Sie die zähen Rasenwurzeln besser durchtrennen.

4

**4** Nehmen Sie dann die Platte von ihrer Stelle weg und heben Sie den Rasen samt Wurzeln ab. Von der darunter liegenden Humusschicht müssen Sie noch so viel Material abtragen, dass bei einer Trageschicht aus Kies (10 bis 15 cm) und einer 5 cm dicken **Ausgleichsschicht** aus Splitt der Stein bündig im Rasen liegt. Beim Kies nehmen Sie eine sandige Körnung von 0/32 mm.
Dieser Aufbau ist im Allgemeinen ausreichend für eine normale Begehung durch Personen und wird den Erdbewegungen bei Frosteinwirkung standhalten.

**5** Schütten Sie zuerst den Kies in die Vertiefungen und stampfen Sie ihn gut fest. Dann folgt der Splitt, den Sie mit der Kelle glatt drücken. Mit einer Wasserwaage und dem Meterstab überprüfen Sie die Füllhöhe. Sie sollten ca. 1 cm höher auffüllen, da beim Verdichten der Unterbau noch nachgibt.

**6** Legen Sie dann die Platten in das vorbereitete Bett. Mit dem **Gummihammer** klopfen Sie die Platten nieder. Schlagen Sie ausschließlich in der Mitte der Steine, um das Füllmaterial nach außen zu verdichten. Ansonsten entstehen Hohlräume an den Rändern und die Platten wackeln beim Gehen. Offene Stellen an den Kanten schließen Sie mit Humus. Bei größeren Stellen können Sie auch Rasenstücke einsetzen. Dadurch wächst die Platte fest und dauerhaft in den umliegenden Rasen. Der robuste Porphyr hält der Bodenfeuchte und Witterung viele Jahre stand.

5

6

***Sicherheitstipp***

Wählen Sie im Interesse der Sicherheit im Außenbereich nur raue Steine mit einer rutschfesten Oberfläche. Abfallplatten aus poliertem Material sind zwar meist kostenlos erhältlich, werden jedoch bei Nässe spiegelglatt und sind somit als Trittsteine nicht mehr begehbar.

# Lose Bodenplatten befestigen

***Material***
Fliesenkleber und Fugenmasse.

***Werkzeug***

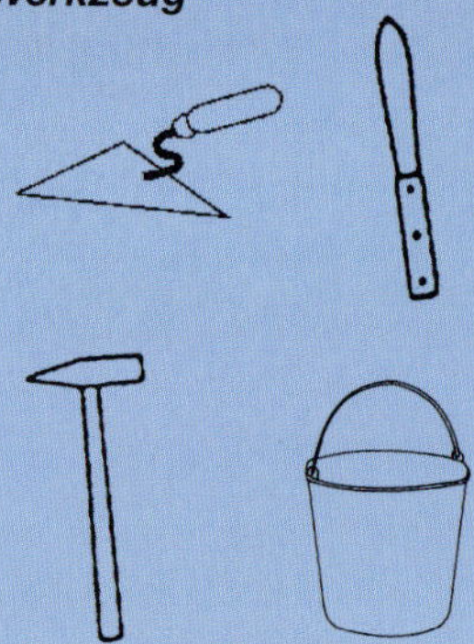

***Schwierigkeitsgrad***

***Kraftaufwand***

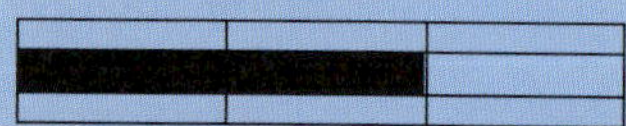


***Arbeitszeit***
Allgemeingültige Angaben lassen sich nicht machen. Erfahrungsgemäß sind diese Arbeiten sehr zeitintensiv.

***Ersparnis***
Lohnkosten ca. 100 bis 120 DM pro Stunde.

Plattenbeläge im Freien unterliegen extremen Belastungen durch Witterung und Umwelteinflüsse. Besonders die starken Temperaturschwankungen bei intensiver Sonneneinstrahlung, wie sie an exponierten Stellen auftreten, stellen an die Materialien hohe Anforderungen. Sind die Verlegearbeiten in diesen Bereichen nicht einwandfrei ausgeführt worden, werden sich die Mängel früher oder später durch lockere Platten bemerkbar machen.

Ein erstes Indiz ist ein **hohler Klang** beim Gehen mit kräftigem Schuhwerk. Mit dem Hammerstil lassen sich benachbarte Platten durch Klopfen auf Klangabweichungen überprüfen. Doch Vorsicht, nicht jede Platte, die hohl klinkt, muss auch hohl liegen. Wechselndes Gefüge im Gestein oder Einschlüsse, auch Änderungen im Untergrund können einen mangelhaften Halt vortäuschen.

***1*** Zeigen sich dagegen **Risse** in der Fuge um den Stein, ist dies meist ein stichhaltiger Hinweis auf lose Verbindung. Oft sind die Fugen dunkel verfärbt, da das eingedrungene Wasser diesen Bereich durchfeuchtet hat.

Die so genannte **Wasserprobe** kann ebenfalls zur Überprüfung herangezogen werden. Wenn die Fugen leicht mit Wasser benetzt werden und dieses sofort in die Risse einzieht, ist eine lockere Platte zu vermuten.

In jedem Fall müssen in diesen Bereichen die Fugen ausgekratzt werden. Bei mürber Fugenmasse benutzen Sie dazu ein scharfes Messer mit einer dünnen Klinge oder einen schlanken Flachmeißel. Gefährdet sind dabei meist die daneben liegenden Platten, an denen das Material meist noch ziemlich gut hält. Unvorsichtiges Vorgehen führt dann schnell zu Abplatzungen an den oberen Kanten.

***2*** Ein kleiner Handwinkelschleifer mit Diamantscheibe ist natürlich die eleganteste Lösung, wenn die Fugen genügend breit ausgebildet sind. Diese Methode erfordert allerdings eine ruhige Hand, um Verkantungen zu vermeiden. Sie bietet dafür den Vorteil, dass das Fugenmaterial sauber ausgeschnitten wird und gleichzeitig vom angrenzenden Stein problemlos getrennt wird. In den Ecken werden Sie trotzdem mit dem Meißel nacharbeiten müssen.

*1*

*2*

3

5

6

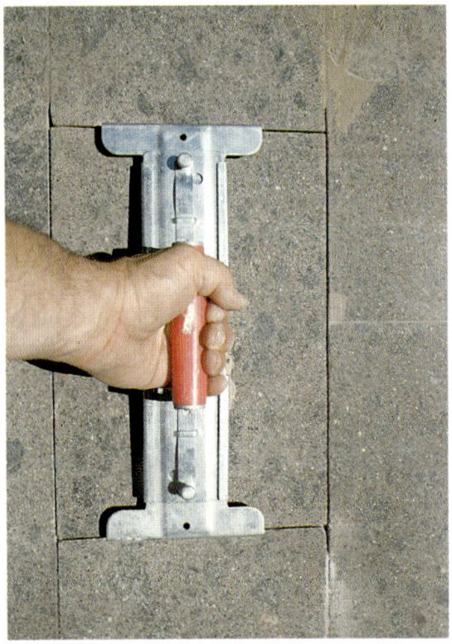

4

7

Sind die Fugen freigelegt, lassen sich lose Platten meist schon ein wenig bewegen.

***3–4*** Mit einem **Saugheber** können Sie den Stein aus dem Verbund herausnehmen. Dieser eignet sich jedoch nur für glatte Oberflächen, um die Saugwirkung zu entfalten. Poröse Gesteine müssen Sie mit einer speziellen Hebezange, auch **»Platten-Kuli«** genannt, greifen.

Grundsätzlich vermeiden sollten Sie das Aushebeln über den angrenzenden Belag. Dies wird in den meisten Fällen zu abgeplatzten Rändern oder gar zum Bruch führen.

Weitere Probleme können im Bereich von Wandanschlüssen wie Sockelleisten auftreten. Die überstehenden Sockelriemchen verhindern unter Umständen ein Hochheben. Im äußersten Fall müssen Sie dann in diesem Bereich den Sockel abmontieren.

***5*** Die Platten reinigen Sie auf der Rückseite von Mörtelresten, den Untergrund von losem bzw. überstehendem Material. Beim anschließenden Einkleben müssen Sie eine minimale Schichtdicke für den Kleber berücksichtigen, die Sie vorher aus dem alten Mörtelbett mit einem Schleifstein abtragen sollten. Ansonsten laufen Sie Gefahr, die Platte nicht plan in den Verband einfügen zu können.

***Profitipp***
Ein probeweises Einlegen der Steinplatte ohne Verklebung hilft Ihnen, die Wirkung Ihrer Arbeit zu überprüfen. Dabei ist es besser, wenn die Platte etwas tiefer liegt. Die Differenz wird der Kleber ausgleichen.

***6*** Den angerührten **Fliesenkleber** streichen Sie mit der Kelle oder einer Spachtel auf die Platte und eine dünne Schicht zur besseren Haftung in das Mörtelbett. Mit der Zahnung nehmen Sie überschüssigen Kleber von der Platte ab. Der aufgetragene Kleber sollte an keiner Stelle stärker als fünf Millimeter sein, da andernfalls keine Abbindung erfolgt und die Platte sich wieder lösen wird.

Mit dem Sauger oder dem Plattenkuli heben Sie die Platte vorsichtig in das Mörtelbett, um seitlich keine Kanten zu verletzen.

***7*** Nach dem Einlegen klopfen Sie mit dem **Gummihammer** durch leichte Schläge die Platte vorsichtig in die gewünschte Lage. Vermeiden Sie reibende Bewegungen der Platten.

***8*** Anschließend können Sie die offenen Fugen mit entsprechender **Fugenmasse** schließen. Achten Sie dabei auf den richtigen Farbton, um die Reparatur nicht als solche zu plakatieren. Fugen verlieren im Laufe der Zeit durch Beanspruchung, vor allem durch UV-Stahlung, an Intensität der Pigmente und werden meist grau. Besonders stark saugende Materialien wie diesen Sandstein müssen Sie zuvor **annässen**. Ansonsten entzieht der Stein der Fugmasse das Anmachwasser.

***8***

# Beschädigte Fensterbänke reparieren

***Material***
Steinkitt, Abtönfarben, Steinimprägnierung, Wachs, Nassschleifpapier der Körnungen 280, 360 und ca. 500, Polierwachs, Aceton.

***Werkzeug***

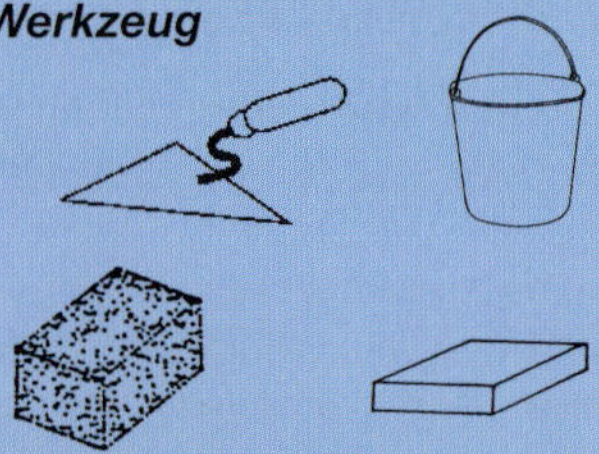

***Schwierigkeitsgrad***

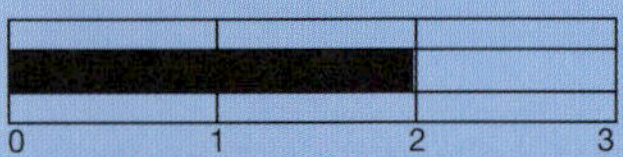


***Kraftaufwand***

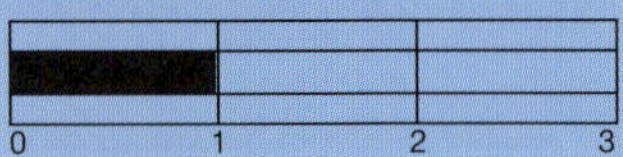


***Arbeitszeit***
Größe und Lage der betroffenen Stelle sind entscheidend. Die meiste Arbeit bereitet das Schleifen und Polieren der reparierten Stelle.

***Ersparnis***
Lohnkosten für Fachpersonal 100 bis 120 DM pro Stunde.

Naturstein ist ein sehr edles und teures Material. Obwohl der Begriff »steinhart« im Alltag durchaus seine Berechtigung hat, kann Naturstein nicht grenzenlos belastet werden. Besonders anfällig sind die auf Hochglanz polierten Flächen, in denen sich Kratzer, Schleifspuren oder leichte Verätzungen durch Säuren sofort als trübe Stellen bemerkbar machen. Solche relativ harmlosen Mängel lassen sich durch Polieren recht schnell und problemlos beseitigen. Sind dagegen echte Materialverluste in Form von Ausbrüchen, Löchern oder Abplatzungen zu beklagen, müsste das Werkstück

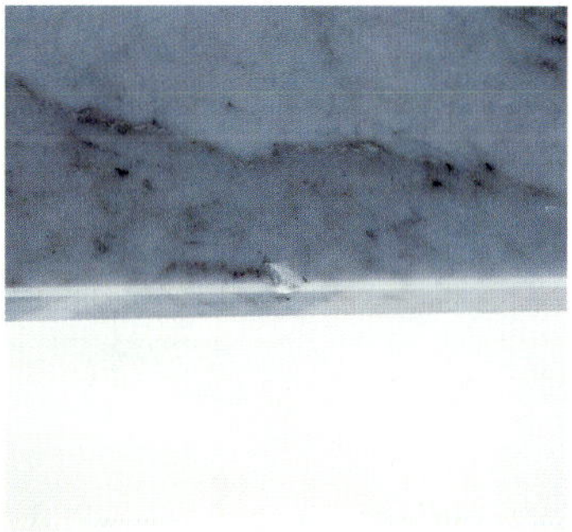

*1*

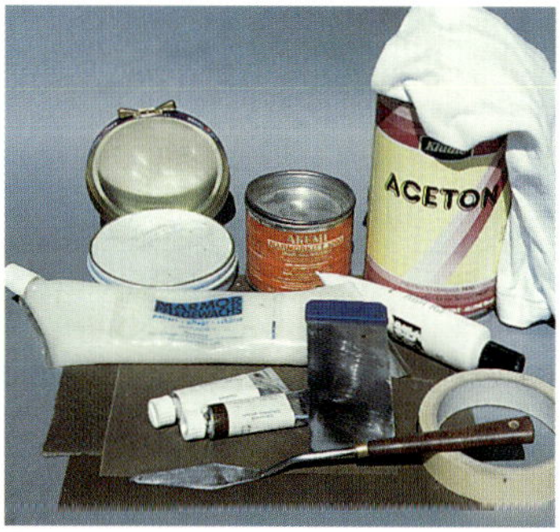


*2*

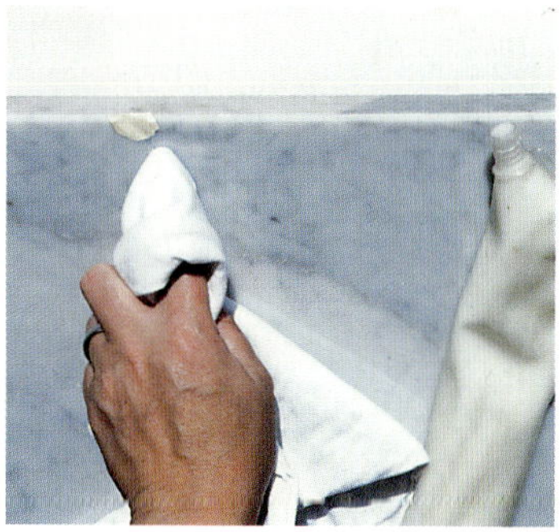

*3*

eigentlich ersetzt werden. Diesen teuren und aufwendigen Schritt möchte sich jeder Betroffene ersparen.
Hilfe bieten chemische Produkte auf Polyesterbasis, die als Reparaturmassen einen guten und günstigen Kompromiss zum Steinaustausch darstellen. Am Markt gibt es mittlerweile ein großes Angebot an Produkten, die als Natursteinkitt, **Marmorkitt** oder ähnlichen Bezeichnungen geführt werden. Sie sind in flüssiger, pastoser oder spachtelbarer Konsistenz erhältlich, ebenso in vielen Farben, darunter auch Reinweiß oder Transparent.
Einige Hersteller haben ihre Produkte farblich an gängige Natursteine angepasst, etwa »Jura gelb«, »Jura grau«, »Botticino« oder »Carrara«. Die getrockneten Massen lassen sich sägen, schleifen und sogar polieren. Grundsätzlich lassen sich alle Gesteine reparieren, wenngleich dies unterschiedlichen Aufwand erfordert. Wegen des homogenen, glatten Gefüges sind Kalksteine und Marmor relativ problemlos zu handhaben. Schwieriger wird die Reparatur bei quarzhaltigen Materialien wie Sandstein oder – wegen des kristallinen, würfeligen Aufbaus – bei den Hartgesteinen.
Allerdings ist das Arbeiten mit Kitten auch immer etwas zum Experimentieren. Auch Profis haben ihre eigenen Ansichten und Kniffe. Deshalb sollten Sie grundsätzlich zuerst einen **Probeaufstrich** erstellen, diesen trocknen lassen und auf seine Eigenschaft prüfen. Viele Hersteller geben in ihren **Gebrauchsanweisungen** ähnliche Hinweise, vor allem, wenn weitere Komponenten wie etwa Farben zugemischt werden.

***1*** Eine abgeplatzte Stelle auf einer Carrara-Fensterbank ist auch für den Laien mit etwas Geduld zu reparieren.

***2*** Die benötigten Materialien und Werkzeuge sind im Baustoffhandel oder auch im Baumarkt zu erstehen. Auch bei Steinmetzbetrieben vor Ort lohnt sich eine Anfrage. Oft erhalten Sie den einen oder anderen Tipp als Gratiszugabe.

**3** Die zu behandelnde Stelle muss grundsätzlich trocken, fett- und staubfrei sein. Dagegen können

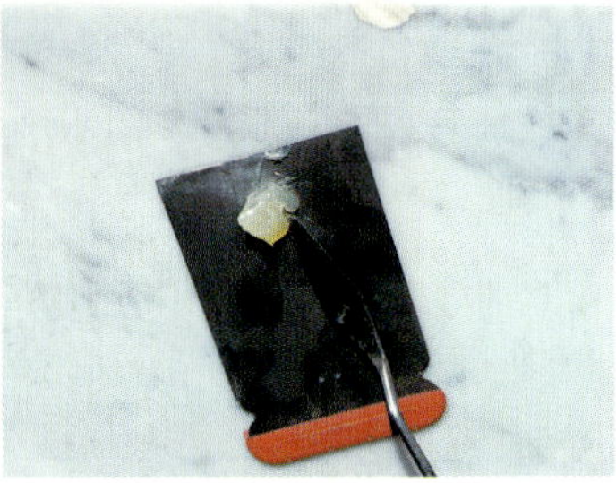
4

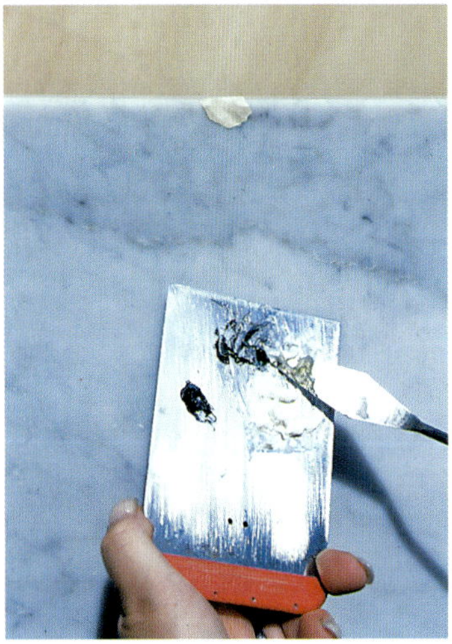
5

Sie den Bereich um die Bruchstelle mit **Imprägnierung** oder Wachs absperren. Dieser Trick verhindert ein sofortiges Einziehen des Kitts in den Randstellen, sodass er sich leichter abziehen lässt. Gehen Sie aber sorgfältig vor und bringen Sie kein Wachs oder Imprägniermittel in die Bruchstelle. Notfalls decken Sie das Loch mit Klebeband ab.

***4*** Als Kitt eignet sich spachtelfähige, angedickte Masse. Dünnflüssige Produkte sind eher zum Kleben gedacht. **Transparente Kitte** sind universeller einsetzbar und lassen sich farblich jedem Stein anpassen. Vorpigmentierte Produkte sind nur auf die Grundfarbe des jeweiligen Steins abgestimmt. Benutzen Sie ausschließlich 2-Komponenten-Kitte auf Kunstharzbasis, die als Stein- oder Marmorkitt gekennzeichnet sind.

Das Harz ist in Dosen abgepackt und wird in unterschiedlichen Gebindegrößen angeboten. Der zugehörige **Härter** wird in Tuben beigegeben und ist von neutraler Farbe, um die beigemischten Pigmente nicht zu verfälschen. Wichtig: Geben Sie den Härter nur in der vorgeschriebenen Menge zu.

Zur Verarbeitung der Spachtelmasse eignen sich sehr gut so genannte **Japanspachteln**, wie sie auch im Karosseriebau Verwendung finden. Der Einsatz von Künstlerspachteln dagegen ermöglicht ein punktgenaues und diffiziles Arbeiten.

**5** Zum Abstimmen des Farbtons auf die betroffene Stelle im Stein mischen Sie vorsichtig etwas Grau einer **Farbe** auf Harzbasis bei. Auf einem Streifen Transparentpapier oder Klebefilm können Sie Probeaufstriche neben der Reparaturstelle machen. Dann erst kommt der Härter hinzu und die Komponenten werden gut durchgemischt.

***Profitipp***

Gute Erfahrungen wurden mit Künstlerölfarben bzw. Gouache gemacht, die vor allem eine breite Palette an Farbtönen bieten. Ungeeignet sind dagegen wasserbasierende Farben auf Acrylbasis oder Aquarellfarben. Auch das Zumischen von Gesteinsmehl, das Sie aus Schleif- oder Sägestaub gewinnen, kann zu guten Ergebnissen führen.

Das Harz reagiert erst in Verbindung mit dem Härter und trocknet dann relativ schnell zur weiteren Bearbeitung aus. Achten Sie auf das richtige **Mischungsverhält-**